DUDEN

W0237692

Das Grundschulwörterbuch

von Ulrike Holzwarth-Raether,
Angelika Neidthardt und Barbara Zuschlag

mit Bildern
von Kerstin Meyer

DUDENVERLAG
Mannheim · Leipzig · Wien · Zürich

Die Deutsche Bibliothek – CIP-Einheitsaufnahme
Duden – Das Grundschulwörterbuch /
von Ulrike Holzwarth-Raether, Angelika Neidthardt
und Barbara Zuschlag. Mit Bildern von Kerstin Meyer. –
Mannheim; Leipzig; Wien; Zürich: Dudenverl., 1998
ISBN 3-411-06061-1

Das Werk wurde in neuer Rechtschreibung verfasst.

Lektorat: Anja Fischer
Layout: Raphaela Mäntele, Heidelberg
Umschlaggestaltung: Mischa Acker
Satz: Afo Satz Frey, Mannheim
Druck und Bindung: Druckerei Parzeller, Fulda
Gedruckt auf Seven Lacs Recyclingpapier pigmentiert
Printed in Germany
ISBN 3-411-06061-1

Wörterbücher sind nützlich

Creme oder: Krem

Wenn du „Satellit“ und „Karussell“ schreiben kannst, bist du ein Rechtschreibprofi. Aber alle 11 500 Wörter, die in diesem Buch stehen, hat niemand im Kopf. Und manchmal gibt es sogar zwei richtige Schreibweisen.

Deshalb kommt man ohne Wörterbuch nicht aus. Die Großen brauchen es und die Kleinen. Für dich ist es wichtig, wenn du einen Brief schreiben oder ein Kreuzworträtsel lösen willst, in der Schule natürlich oder wenn du Hausaufgaben machen musst. Es nützt dir aber nur etwas, wenn du es immer griffbereit hast. Steht es in deinem Bücherregal? Liegt es auf deinem Schreibtisch? Oder hast du es in deiner Schultasche?

Nur wer viel mit dem Wörterbuch arbeitet, wird ein schneller Nachschlager oder eine schnelle Nachschlagerin. Du kannst das mit dem Training beim Sport vergleichen: Je öfter du turnst und läufst, umso geschickter und schneller wirst du.

Das richtige Nachschlagen muss aber nicht nur geübt werden. Damit es Spaß macht, musst du erst einmal wissen, wie es geht. Gleich auf den nächsten Seiten findest du dazu viele Tipps.

Bunte Bilder unterbrechen die vielen Wörterreihen. Es lohnt sich, sie genau anzusehen. Warum passen Wort und Bild zusammen? Welches Bild hättest du dir für das Wort „behaglich“ ausgedacht?

Das Wichtigste an einem Wörterbuch ist, dass du dir beim Schreiben immer selbst helfen kannst. Es muss kein Freund und keine Freundin, keine Lehrerin und kein Lehrer, keine Mutter und kein Vater in der Nähe sein, wenn du nicht genau weißt, wie man etwas schreibt. Du kannst das Problem ganz alleine mit deinem Wörterbuch lösen.

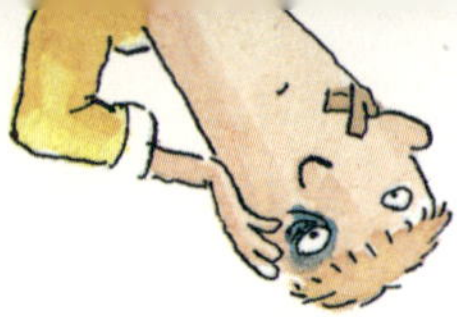

Nachschlagetipps

Achte bei der Wörtersuche zuerst auf den Anfangsbuchstaben deines Wortes.

Advent	findest du bei	**A**
Karussell	findest du bei	**K**

Sieh dir dann den zweiten und den dritten Buchstaben an. Vielleicht sogar den vierten und fünften.

Kino	steht bei	**Ki**	und nicht bei **Ka** oder **Ke**
Kino	steht nach		Kilo und vor Kiosk

Achte auf die fett gedruckten Wörter in deinem Wörterbuch. Das sind die Haupteinträge. Darunter stehen die Nebeneinträge. Sie gehören zur gleichen Wortfamilie. Viele der Wörter, die du suchst, sind solche Nebeneinträge.

gefährlich	findest du bei	**Gefahr**
Blut	findest du bei	**bluten**
Schlagsahne	findest du bei	**schlagen**

Suche Namenwörter in der Einzahl.

Äpfel	findest du neben	**Apfel**
Öfen	findest du neben	**Ofen**
Träume	findest du neben	**Traum**

Wenn du ein zusammengesetztes Namenwort in deinem Wörterbuch nicht findest, dann zerlege es und suche beide Wörter.

Türschloss	– suche	**Tür**	und suche	**Schloss**
Blaumeise	– suche	**blau**	und suche	**Meise**

Suche Zeitwörter in der Grundform.

er sagte	steht bei	**sagen**
sie hat gelacht	steht bei	**lachen**

Besonders schwierig ist es, die Grundform eines Zeitworts herauszufinden, wenn es sich stark verändert hat.

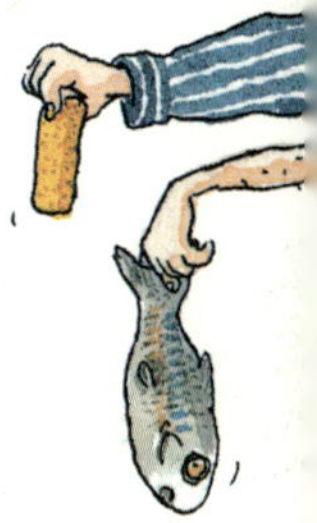

er aß	musst du bei	**essen**	suchen
sie ist geritten	musst du bei	**reiten**	suchen
du siehst	musst du bei	**sehen**	suchen

Eine Liste der Zeitwörter, die sich stark verändern und deshalb schwer zu finden sind, findest du auf den Seiten 216 – 223.

Wenn du ein zusammengesetztes Zeitwort in deinem Wörterbuch nicht findest, dann zerlege es und suche beide Wörter.

ankommen	– suche	**an**	und suche	**kommen**
aufschieben	– suche	**auf**	und suche	**schieben**

Viele Wörter mit vorangestellten Wortbausteinen haben wir in das Wörterbuch aufgenommen, aber nicht alle. Wenn du eins nicht findest, dann suche nach dem Grundwort.

verschmieren – suche **schmieren**
Den Wortbaustein **ver** kennst du.

entlaufen – suche **laufen**
Den Wortbaustein **ent** kennst du.

Suche Eigenschaftswörter in der Grundstufe. Wenn die Steigerungsformen schwierig sind, findest du sie auch dort.

älter	musst du bei	**alt**	suchen
am höchsten	musst du bei	**hoch**	suchen

Wenn du ein zusammengesetztes Eigenschaftswort in deinem Wörterbuch nicht findest, dann zerlege es und suche beide Wörter.

eiskalt	– suche	**Eis**	und suche	**kalt**
grasgrün	– suche	**Gras**	und suche	**grün**

Gib nicht auf, wenn du ein Wort nicht gleich findest! Manchmal liegt es daran, dass es für einen Laut verschiedene Schreibmöglichkeiten gibt.

Vase	musst du bei	**V**	suchen und nicht bei	**W**
Vogel	musst du bei	**V**	suchen und nicht bei	**F**
Clown	musst du bei	**C**	suchen und nicht bei	**K**
Qualle	musst du bei	**Q**	suchen und nicht bei	**Kw**
Pharao	musst du bei	**Ph**	suchen und nicht bei	**F**

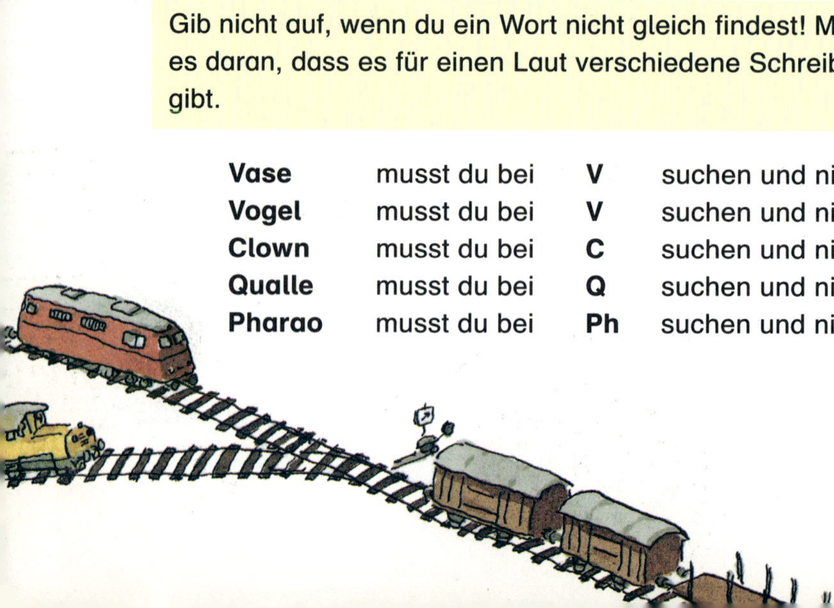

Achte auf diese Zeichen:

 bedeutet: Dieses Wort ist sehr schwierig zu finden, weil es am Wortanfang anders ausgesprochen als geschrieben wird.

 bedeutet: Dieses Wort wird in der Umgangssprache häufig verwendet. Ob man es auch schreiben sollte, darüber kann man verschiedener Meinung sein.

→ bedeutet: Dieser Pfeil führt dich bei einigen Zeitwörtern zum Grundwort. Dort findest du die verschiedenen Formen.

Was dir beim Schreiben sonst noch nützlich sein kann:

Wörter, die man immer wieder falsch schreibt, findest du auf den Seiten 202 – 203.

Wörter, die man schwer findet, weil sie anders ausgesprochen als geschrieben werden, findest du auf den Seiten 204 – 205.

Verschiedene Wortfelder findest du auf den Seiten 206 – 215.

a b c d e f g h i j k l m n o p q r s t u v w x y z

A

Aa

der **Aal**, die Aale
aalglatt
das **Aas**

Ab

ab
ab und zu
die **Abbildung**,
die Abbildungen
abblitzen, du blitzt ab 
das **Abc**
der **Abend**, die Abende
am Abend
gestern Abend
das Abendessen
das Abendrot
abends
eines Abends
Guten Abend!
das **Abenteuer**, die Abenteuer
abenteuerlich
aber
der **Aberglaube**
abergläubisch
abfahren → fahren
die Abfahrt
abgefahren 
der **Abfall**, die Abfälle
der **Abflug**, die Abflüge
der **Abfluss**, die Abflüsse
das **Abgas**, die Abgase
abgasfrei
abgehärtet
abgehetzt
abgemacht
der **Abgeordnete**,
die Abgeordneten
die **Abgeordnete**,
die Abgeordneten
abgeschlafft 
der **Abgrund**, die Abgründe
der **Abhang**, die Abhänge
abhängig
die Abhängigkeit
das **Abitur**
die **Abkühlung**,
die Abkühlungen
die **Abkürzung**,
die Abkürzungen
der **Ableger**, die Ableger
ablehnen, du lehnst ab
die Ablehnung
ablenken → lenken
die Ablenkung
die **Abmachung**,
die Abmachungen
sich **abmelden** → melden
die Abmeldung
abonnieren, du abonnierst
das Abonnement
abrechnen → rechnen
die Abrechnung
abreisen → reisen
die Abreise
der **Absatz**, die Absätze
abscheulich
der **Abschied**
Abschied nehmen
die Abschiedsfeier

abschleppen → schleppen
das Abschleppseil
abschließen → schließen
abschließend
der **Abschluss,** die Abschlüsse
der **Abschnitt,** die Abschnitte
abseits
er steht im Abseits
der **Absender,** die Absender
absenden
die **Absicht,** die Absichten
absichtlich
absolut
die **Absperrung,**
die Absperrungen
absperren
abstammen, du stammst ab
die Abstammung
der **Abstand,** die Abstände
Abstand halten
der **Abstecher,** die Abstecher
abstellen → stellen
das Abstellgleis
der **Abstieg**
abstimmen → stimmen
die Abstimmung
abstürzen → stürzen
der Absturz
das **Abteil,** die Abteile
die **Abteilung,** die Abteilungen
abtrocknen, du trocknest ab
abwärts
abwaschen → waschen
der Abwasch
abwaschbar
abwechseln → wechseln
abwechselnd

abwehren → wehren
die Abwehr
abwesend
das **Abzeichen,** die Abzeichen
die **Abzweigung,**
die Abzweigungen

Ac

Ach!
die **Achse,** die Achsen
die **Achsel,** die Achseln
die Achselhöhle
mit den Achseln zucken
acht
der Achte, die Achte
die Achterbahn
achtmal
achtzehn
achtzig
achten, du achtest
Acht geben
sich in Acht nehmen
ächzen, du ächzt
der **Acker,** die Äcker
die **Action** !
der Actionfilm

Ad

addieren, du addierst
die Addition
der **Adel**
adelig oder: adlig
die **Ader,** die Adern
das Äderchen
das **Adjektiv,** die Adjektive
der **Adler,** die Adler
der Adlerhorst

adoptieren, du adoptierst
die Adoption
die Adoptiveltern
das Adoptivkind
die **Adresse,** die Adressen
adressieren
der **Advent**
der Adventskalender
der Adventskranz
die Adventszeit

die Adoptiveltern

Ae

das **Aerobic** !

Af

der **Affe,** die Affen
Afrika
afrikanisch
der **After**

Ag

Ägypten
die Ägypter
ägyptisch

Ah

ahnen, du ahnst
die Ahnung
ahnungslos
ähnlich
die Ähnlichkeit
der **Ahorn,** die Ahorne
die **Ähre,** die Ähren

Ai

Aids !
der **Airbag,** die Airbags !

Ak

der **Akkord,** die Akkorde
die **Akkordarbeit**
das **Akkordeon,** die Akkordeons
der **Akku,** die Akkus
der Akkumulator
der **Akkusativ**
die **Akne**
der **Akrobat,** die Akrobaten
akrobatisch
die **Akrobatin,** die Akrobatinnen
der **Akt,** die Akte
der erste Akt
die **Akte,** die Akten
die Aktentasche
die **Aktion,** die Aktionen
aktiv
aktuell
akut

Al

der **Alarm**
die Alarmanlage
alarmieren
albern

der **Albtraum,** die Albträume
das **Album,** die Alben
die **Alge,** die Algen
das **Alibi,** die Alibis
der **Alkohol**
alkoholabhängig
alkoholfrei
alle, alles
alle beide
vor allem
am allerbesten
das Allerletzte
alles andere
das **All**
Allah
die **Allee,** die Alleen
allein
allein lassen
allerdings
die **Allergie,** die Allergien
allergisch
allerhand
allerlei
allgemein
der **Alligator,** die Alligatoren
allmählich
der **Alltag**
alltäglich
allzu
allzu gern
die **Alm,** die Almen
das **Almosen,** die Almosen
die **Alpen**
die Schweizer Alpen
das **Alphabet,** die Alphabete
alphabetisch
der **Alptraum,** die Alpträume

als
als ob
also
alt, älter, am ältesten
Alt und Jung
das Alter
altmodisch
das Altpapier
der **Altar,** die Altäre
das **Altertum**
das **Aluminium**
die Alufolie

Am

am (an dem)
am Haus
der **Amateur,** die Amateure
die **Amateurin,**
die Amateurinnen
die **Ambulanz,** die Ambulanzen
die **Ameise,** die Ameisen
der Ameisenbär
der Ameisenhaufen
Amerika
amerikanisch
der **Amok**
Amok laufen
die **Ampel,** die Ampeln
die **Amsel,** die Amseln
das **Amt,** die Ämter

An

an
die **Ananas,** die Ananas
oder: Ananasse
anbauen → bauen
der Anbau

a b c d e f g h i j k l m n o p q r s t u v w x y z

der **Anblick,** die Anblicke
die **Andacht**
andächtig
andauernd
das **Andenken,** die Andenken
andere oder: andre,
anderer, anderes
alles andere
kein anderer
etwas anderes
andererseits
ändern, du änderst
die Änderung
anders
anders sein
jemand anders
der **Andrang**
androhen → drohen
die Androhung
aneinander
aneinander legen
die **Anemone,** die Anemonen
die **Anerkennung**
anerkennen
anfahren → fahren
die Anfahrt
der **Anfall,** die Anfälle
anfällig

anfangen, du fängst an,
er fing an, sie hat
angefangen
der Anfang
der Anfänger,
die Anfängerin
anfangs
der Anfangsbuchstabe
sich **anfreunden,** du freundest
dich an
anführen → führen
der Anführer, die Anführerin
das Anführungszeichen
angeben, du gibst an,
er gab an, sie hat
angegeben
der Angeber, die Angeberin
angeberisch
angeblich
das **Angebot,** die Angebote
der **Angehörige,**
die Angehörigen
die **Angehörige,**
die Angehörigen
angeln, du angelst
die Angel
der Angelhaken
der Angler, die Anglerin

die Angst

angenehm
angespannt
der **Angestellte,**
die Angestellten
die **Angestellte,**
die Angestellten
die **Angewohnheit,**
die Angewohnheiten
sich angewöhnen
die **Angina**
angreifen, du greifst an, er griff an, sie hat angegriffen
der Angreifer, die Angreiferin
der **Angriff,** die Angriffe
angriffslustig
die **Angst,** die Ängste
Angst haben
ängstlich
anhalten → halten
der Anhalter, die Anhalterin
der **Anhänger,** die Anhänger
anhänglich
der **Anker,** die Anker
vor Anker gehen
anklagen → klagen
der Angeklagte,
die Angeklagte
ankreuzen, du kreuzt an
die **Ankunft**
die Ankunftszeit
die **Anlage,** die Anlagen
der **Anlass,** die Anlässe
anlässlich
anlassen, du lässt an, er ließ an, sie hat angelassen
der Anlasser

der **Anlauf,** die Anläufe
Anlauf nehmen
die **Anmache**
sich **anmelden** → melden
das Anmeldeformular
die Anmeldung
die **Annahme,** die Annahmen
annehmen
die **Annonce,** die Annoncen
annoncieren
der **Anorak,** die Anoraks
der **Anpfiff**
die **Anrede,** die Anreden
anrufen → rufen
der Anruf
der Anrufbeantworter
ans (an das)
bis ans Ende
ansagen → sagen
der Ansager, die Ansagerin
anscheinend
anschließend
der **Anschluss,** die Anschlüsse
sich **anschmiegen,** die Katze schmiegt sich an
anschmiegsam
sich **anschnallen,** du schnallst dich an
die **Anschrift,** die Anschriften
die **Ansicht,** die Ansichten
die Ansichtskarte
anständig
anstatt
anstecken, du steckst an
sich anstecken
ansteckend
die Ansteckungsgefahr

anstiften, du stiftest an
der Anstifter, die Anstifterin
sich **anstrengen,** du strengst dich an
anstrengend
die Anstrengung
die **Antarktis**
die **Antenne,** die Antennen
antik
die Antike
die **Antilope,** die Antilopen
der **Antrag,** die Anträge
der **Antrieb**
die **Antwort,** die Antworten
antworten
anwenden, du wendest an, er wandte an oder: er wendete an, sie hat angewandt oder: sie hat angewendet
anwesend
die Anwesenheit
die **Anzahl**
das **Anzeichen,** die Anzeichen
die **Anzeige,** die Anzeigen
anziehen, du ziehst an, er zog an, sie hat angezogen
sich anziehen
die Anziehungskraft
der **Anzug,** die Anzüge

Ap

der **Apfel,** die Äpfel
der Apfelbaum
das Apfelmus
der Apfelsaft
die **Apfelsine,** die Apfelsinen
die **Apotheke,** die Apotheken
der Apotheker, die Apothekerin
der **Apparat,** die Apparate
der **Appetit**
appetitlich
appetitlos
der **Applaus**
die **Aprikose,** die Aprikosen
der **April**
der Aprilscherz
das Aprilwetter

Aqu

das **Aquarium,** die Aquarien
der **Äquator**

Ar

die **Arbeit,** die Arbeiten
arbeiten
der Arbeiter, die Arbeiterin
das Arbeitsamt
arbeitslos
die Arbeitslosigkeit
der **Architekt,** die Architekten
die **Architektin,** die Architektinnen
Argentinien
argentinisch
ärgern, du ärgerst ihn
sich ärgern
der Ärger
ärgerlich
das Ärgernis
das **Argument,** die Argumente
die **Arktis**

die Astronautin

arm, ärmer, am ärmsten
ärmlich
die Armut
Arm und Reich
der **Arm,** die Arme
die **Armatur,** die Armaturen
das Armaturenbrett
der **Ärmel,** die Ärmel
ärmellos
das **Aroma,** die Aromen
aromatisch
arrogant
die **Art,** die Arten
die Art und Weise
der **Artikel,** die Artikel
die **Artischocke,**
die Artischocken
der **Artist,** die Artisten
die **Artistin,** die Artistinnen
der **Arzt,** die Ärzte
die **Ärztin,** die Ärztinnen

As

der **Asbest**
asbestverseucht
die **Asche**
Asien
asiatisch
der **Asphalt**
asphaltieren
das **Ass,** die Asse
der **Ast,** die Äste
die Astgabel
die **Aster,** die Astern
das **Asthma**
der Asthmaanfall
astrein
der **Astronaut,** die Astronauten
die **Astronautin,**
die Astronautinnen
das **Asyl**
der Asylantrag

At

das **Atelier,** die Ateliers
der **Atem**
außer Atem sein
atemlos
der **Athlet,** die Athleten
die **Athletin,** die Athletinnen
der **Atlantik**
der Atlantische Ozean
der **Atlas,** die Atlasse
oder: Atlanten
atmen, du atmest
die Atmung
die **Atmosphäre**
das **Atom,** die Atome
die Atomenergie
das Atomkraftwerk
das **Attentat,** die Attentate
der Attentäter,
die Attentäterin
das **Attest,** die Atteste

attraktiv
ätzend

Au

die **Aubergine,**
die Auberginen
auch
auf
auf einmal
auf und ab
auf und davon
aufbewahren,
du bewahrst auf
aufbrausend
aufdringlich
aufeinander
aufeinander hören
aufeinander legen
der **Aufenthalt,** die Aufenthalte
die Aufenthalts-
genehmigung
auffahren → fahren
die Auffahrt
der Auffahrunfall

aufregend

auffallen, du fällst auf,
er fiel auf, sie ist aufgefallen
auffallend
auffällig
auffordern → fordern
die Aufforderung
aufführen, du führst auf
die Aufführung
die **Aufgabe,** die Aufgaben
der **Aufgang,** die Aufgänge
aufgeben, du gibst auf,
er gab auf, sie hat
aufgegeben
aufgekratzt
aufgeräumt
aufgeregt
aufhängen, du hängst auf
der Aufhänger
aufhören, du hörst auf
die **Aufklärung**
aufklären
aufgeklärt
aufkleben → kleben
der Aufkleber
die **Auflösung,**
die Auflösungen
aufmerksam
die Aufmerksamkeit
die **Aufnahme,** die Aufnahmen
die Aufnahmeprüfung
aufpassen, du passt auf
aufprallen → prallen
der Aufprall
aufräumen, du räumst auf

aufrecht
aufrecht sitzen
aufregen, du regst mich auf
sich aufregen
aufgeregt
aufregend
die Aufregung
der **Aufruhr**
aufs (auf das)
aufsässig
der **Aufsatz,** die Aufsätze
der **Aufschnitt**
der **Aufschub,** die Aufschübe
das **Aufsehen**
Aufsehen erregen
die **Aufsicht**
aufstacheln,
du stachelst auf
der **Aufstand,** die Aufstände
der **Aufstieg**
aufteilen → teilen
die Aufteilung
der **Auftrag,** die Aufträge
auftreten, du trittst auf,
er trat auf, sie ist aufgetreten
der **Auftrieb**
der **Auftritt,** die Auftritte
der **Aufwand**
aufwändig oder: aufwendig
aufwärts
aufwärts fahren
Auf Wiedersehen!
aufzählen, du zählst auf
die Aufzählung
aufzeichnen,
du zeichnest auf
die Aufzeichnung

der **Aufzug,** die Aufzüge
das **Auge,** die Augen
der Augapfel
die Augenbraue
das Augenlid
augenzwinkernd
der **Augenblick,**
die Augenblicke
augenblicklich
der **August**
die **Auktion,** die Auktionen
aus
ausbessern,
du besserst aus
die **Ausbeutung**
ausbeuten
die **Ausbildung,**
die Ausbildungen
ausbilden
der Auszubildende,
die Auszubildende
der **Ausblick,** die Ausblicke
ausbrechen, du brichst aus,
er brach aus, sie ist
ausgebrochen
der Ausbrecher,
die Ausbrecherin
der **Ausbruch,** die Ausbrüche
die **Ausdauer**
ausdauernd
der **Ausdruck,** die Ausdrücke
ausdrücken
ausdrücklich
ausdrucksvoll
auseinander
auseinander gehen
die Auseinandersetzung

die **Ausfahrt,** die Ausfahrten
ausfallen, die Stunde fällt aus, sie fiel aus, sie ist ausgefallen
ausflippen, du flippst aus
der **Ausflug,** die Ausflüge
das Ausflugsziel
ausführlich
die **Ausgabe,** die Ausgaben
der **Ausgang,** die Ausgänge
ausgefallen
ausgerechnet
ausgestopft
ausgewachsen
ausgezeichnet
ausgiebig
die **Ausgrabung,** die Ausgrabungen
der **Ausguss,** die Ausgüsse
die **Auskunft,** die Auskünfte
das **Ausland**
der Ausländer, die Ausländerin
ausländisch
auslassen, du lässt aus, er ließ aus, sie hat ausgelassen
der **Auslaut,** die Auslaute
ausleeren, du leerst aus
ausleihen → leihen
die Ausleihe
die **Auslosung,** die Auslosungen
auslosen
die **Ausnahme,** die Ausnahmen
ausnahmsweise

der **Auspuff,** die Auspuffe
ausrasten, du rastest aus
die **Ausrede,** die Ausreden
ausreichend
die **Ausreise**
ausreißen, du reißt aus, er riss aus, sie ist ausgerissen
der Ausreißer, die Ausreißerin
der **Ausritt,** die Ausritte
ausrufen → rufen
der Ausruf
der Ausrufesatz
das Ausrufezeichen
sich **ausruhen,** du ruhst dich aus
ausgeruht
die **Ausrüstung,** die Ausrüstungen
die **Aussaat**
aussäen
die **Aussage,** die Aussagen
aussagen
der Aussagesatz
ausscheiden, du scheidest aus, er schied aus, sie ist ausgeschieden
oder: sie hat ausgeschieden
die Ausscheidung
der **Ausschlag,** die Ausschläge
ausschließen, du schließt aus, er schloss aus, sie hat ausgeschlossen
sich ausschließen
der **Ausschnitt,** die Ausschnitte
aussehen → sehen
das Aussehen

außen
von außen
der Außenseiter,
die Außenseiterin
außer
außerdem
außergewöhnlich
außerhalb
außerirdisch
äußerlich
sich **äußern,** du äußerst dich
die Äußerung
die **Aussicht,** die Aussichten
aussichtslos
der **Aussiedler,** die Aussiedler
die **Aussiedlerin,**
die Aussiedlerinnen
die **Aussprache,**
die Aussprachen
die **Ausstattung,**
die Ausstattungen
aussteigen → steigen
der Aussteiger,
die Aussteigerin

ausgefallen

die **Ausstellung,**
die Ausstellungen
ausstellen
Australien
australisch
austricksen, 
du trickst aus
der **Ausverkauf**
ausverkauft
auswählen → wählen
die Auswahl
auswandern,
du wanderst aus
der Auswanderer,
die Auswanderin
auswärts
das Auswärtsspiel
auswechseln → wechseln
die Auswechslung
der **Ausweg,** die Auswege
ausweglos
der **Ausweis,** die Ausweise
die Ausweiskontrolle
auswendig
auswendig lernen
auswerten, du wertest aus
die Auswertung
die **Auswirkung,**
die Auswirkungen
die **Auszahlung,**
die Auszahlungen
die **Auszeichnung,**
die Auszeichnungen
ausziehen, du ziehst aus, er zog aus, sie ist ausgezogen
sich ausziehen
der **Auszug,** die Auszüge

das **Auto,** die Autos
Auto fahren
die Autobahn
der Autounfall

das **Autogramm,** die Autogramme

der **Automat,** die Automaten
automatisch

der **Autor,** die Autoren

die **Autorin,** die Autorinnen

Av

die **Avocado,** die Avocados

Ax

die **Axt,** die Äxte

B

Ba

das **Baby,** die Babys

der **Bach,** die Bäche

die **Backe,** die Backen
der Backenzahn
backen, du backst
oder: du bäckst
der Bäcker, die Bäckerin
die Bäckerei
der Backofen

das **Bad,** die Bäder
der Badeanzug
die Badehose
baden
die Badewanne
das Badezimmer

Baden-Württemberg

der **Bagger,** die Bagger
baggern
der Baggersee

die **Baguette** oder:
das Baguette, die Baguettes

die **Bahn,** die Bahnen
der Bahnhof
die Bahnschranke
der Bahnsteig

die **Bahre,** die Bahren

die **Bakterie,** die Bakterien

balancieren, du balancierst
die Balance

bald

der **Balken,** die Balken

der **Balkon,** die Balkons
oder: Balkone

der **Ball,** die Bälle
Ball spielen
das Ballspiel

das **Ballett**
der Balletttänzer,
die Balletttänzerin

der **Ballon,** die Ballons
oder: Ballone
die Ballonfahrt

der **Bambus**

die **Banane,** die Bananen

das **Band** (zum Binden),
die Bänder

der **Band** (Buch), die Bände

die **Band** (Musikgruppe),
die Bands

die **Bande,** die Banden

bändigen, du bändigst

der **Bandit,** die Banditen

die **Bank** (Sitzgelegenheit), die Bänke

die **Bank** (Geldinstitut), die Banken

das Bankkonto

der Banküberfall

bar

bar bezahlen

das Bargeld

die **Bar,** die Bars

der **Bär,** die Bären

der Bärenhunger

bärenstark 

barfuß

barmherzig

die **Bar Mizwa**

das **Barometer,** die Barometer

der **Barren,** die Barren

der **Barsch,** die Barsche

das **Basilikum**

der **Bart,** die Bärte

bärtig

der **Basar,** die Basare

der **Basketball,** die Basketbälle

Basketball spielen

der **Bass,** die Bässe

der **Bast**

basteln, du bastelst

die Bastelei

die **Batik,** die Batiken

batiken

die **Batterie,** die Batterien

der **Bau** (Tierhöhle), die Baue

der **Bau** (Gebäude), die Bauten

der Bauarbeiter, die Bauarbeiterin

die Baustelle

der **Bauch,** die Bäuche

bäuchlings

der Bauchnabel

die Bauchspeicheldrüse

das Bauchweh

bauen, du baust

baufällig

der **Bauer,** die Bauern

das Bauernbrot

der Bauernhof

die **Bäuerin,** die Bäuerinnen

der **Baum,** die Bäume

die Baumkrone

der Baumstamm

baumeln, du baumelst

die **Baumwolle**

Bayern

die **Bazille,** die Bazillen

Be

beachten, du beachtest

der **Beamte,** die Beamten

die **Beamtin,** die Beamtinnen

beatmen → atmen

die Beatmung

beben, die Erde bebt

der **Becher,** die Becher

das **Becken,** die Becken

bedächtig

bedauern, du bedauerst

bedauerlich

die **Bedeutung,** die Bedeutungen

bedeuten

bedeutend

die **Bedingung,** die Bedingungen

a b c d e f g h i j k l m n o p q r s t u v w x y z

bedrohen → drohen
bedrohlich
die Bedrohung
das **Bedürfnis,** die Bedürfnisse
beeinflussen,
du beeinflusst
beenden, du beendest
die **Beerdigung,**
die Beerdigungen
beerdigen
die **Beere,** die Beeren
das **Beet,** die Beete
befehlen, du befiehlst,
er befahl, sie hat befohlen
der Befehl
befestigen, du befestigst
befördern, du beförderst
die Beförderung
befreien, du befreist
sich befreien
die Befreiung
befreundet
befriedigend
befruchten, das Ei
wird befruchtet
die Befruchtung
begabt
die Begabung

begegnen, du begegnest
die Begegnung
begeistert
sich begeistern
die Begeisterung
beginnen, du beginnst,
er begann, sie hat
begonnen
der Beginn
begleiten, du begleitest
der Begleiter,
die Begleiterin
begraben → graben
das Begräbnis
begreifen, du begreifst,
er begriff, sie hat begriffen
der **Begriff,** die Begriffe
begründen, du begründest
die Begründung
begrüßen, du begrüßt
die Begrüßung
behaart
behaglich
behalten, du behältst,
er behielt, sie hat behalten
der **Behälter,** die Behälter
behandeln, du behandelst
die Behandlung

behaupten, du behauptest
die Behauptung
beherrschen → herrschen
sich beherrschen
die Beherrschung
behilflich
behindert
der Behinderte,
die Behinderte
die Behinderung
die **Behörde,** die Behörden
behutsam
bei
die **Beichte,** die Beichten
beichten
beide, beides
alle beide
beieinander
der **Beifahrer,** die Beifahrer
die **Beifahrerin,**
die Beifahrerinnen
der **Beifall**
Beifall klatschen
das **Beil,** die Beile
beim (bei dem)
beim Spielen
das **Bein,** die Beine
beinah oder: beinahe
beisammen
beiseite
das **Beispiel,** die Beispiele
zum Beispiel (z. B.)
beißen, du beißt, er biss,
sie hat gebissen
die Beißzange
bekannt
die Bekanntschaft

die **Bekleidung**
bekommen, du bekommst,
er bekam, sie hat
bekommen
der **Belag,** die Beläge
die **Belästigung,**
die Belästigungen
belästigen
beleidigen, du beleidigst
beleidigt
die Beleidigung
die **Beleuchtung**
Belgien
belgisch
beliebt
bellen, der Hund bellt
belohnen, du belohnst
die Belohnung
bemalen → malen
die Bemalung
bemerken → merken
die Bemerkung
sich **bemühen,** du bemühst dich
benachrichtigen,
du benachrichtigst
die Benachrichtigung
sich **benehmen,** du benimmst
dich, er benahm sich,
sie hat sich benommen
beneiden, du beneidest
beneidenswert
benötigen, du benötigst
die **Benotung,** die Benotungen
benoten
benutzen oder: benützen,
du benutzt oder: du benützt
die Benutzung

das **Benzin**
der Benzinkanister
beobachten,
du beobachtest
die Beobachtung
bequem
die Bequemlichkeit
beraten → raten
der Berater, die Beraterin
die Beratung
der **Bereich,** die Bereiche
bereit
bereit sein
bereits
die **Bereitschaft**
bereuen, du bereust
der **Berg,** die Berge
bergab
bergauf
der Bergsteiger,
die Bergsteigerin
das Bergwerk
berichten, du berichtest
der Bericht
berichtigen, du berichtigst
die Berichtigung
Berlin
berücksichtigen,
du berücksichtigst
der **Beruf,** die Berufe
beruflich
berufstätig
beruhigen, du beruhigst
sich beruhigen
berühmt
berühren, du berührst
die Berührung

beschädigen,
du beschädigst
beschädigt
sich **beschäftigen,**
du beschäftigst dich
beschäftigt
die Beschäftigung
der **Bescheid,** die Bescheide
Bescheid sagen
bescheiden
die Bescheidenheit
die **Bescheinigung,**
die Bescheinigungen
die **Bescherung,**
die Bescherungen
beschimpfen → schimpfen
die Beschimpfung
beschleunigen,
du beschleunigst
die Beschleunigung
beschließen, du beschließt,
er beschloss, sie hat
beschlossen
der **Beschluss,** die Beschlüsse
beschreiben,
du beschreibst,
er beschrieb, sie hat
beschrieben
die Beschreibung
beschuldigen,
du beschuldigst
die Beschuldigung
sich **beschweren,**
du beschwerst dich
die Beschwerde
der **Besen,** die Besen
besetzt

besichtigen, du besichtigst
die Besichtigung
sich **besinnen,** du besinnst dich
er besann sich, sie hat
sich besonnen
besinnungslos
besitzen, du besitzt,
er besaß, sie hat besessen
der Besitz
der Besitzer, die Besitzerin
besonders
besorgen, du besorgst
die Besorgung
besorgt
besser → gut
der Besserwisser,
die Besserwisserin
die **Bestätigung,**
die Bestätigungen
bestätigen
die **Bestäubung,**
die Bestäubungen
bestäuben

bestechen, du bestichst,
er bestach, sie hat
bestochen
bestechlich
die Bestechung
das **Besteck,** die Bestecke
bestehen, du bestehst,
er bestand, sie hat
bestanden
bestellen, du bestellst
die Bestellung
die **Bestie,** die Bestien
bestimmen, du bestimmst
bestimmt
bestrafen, du bestrafst
die Bestrafung
die **Bestrahlung,**
die Bestrahlungen
bestrahlen
besuchen, du besuchst
der Besuch
der Besucher,
die Besucherin
die Besuchszeit
die **Betäubung**
betäuben
betäubt
sich **beteiligen,**
du beteiligst dich
die Beteiligung
beten, du betest
der **Beton**
betonieren
betonen, du betonst
die Betonung
betrachten, du betrachtest
der **Betrag,** die Beträge

a b c d e f g h i j k l m n o p q r s t u v w x y z

betreuen, du betreust
der Betreuer, die Betreuerin
die Betreuung
der **Betrieb,** die Betriebe
das Betriebssystem
betroffen
betrügen, du betrügst,
er betrog, sie hat betrogen
der Betrug
der Betrüger, die Betrügerin
betrunken
der Betrunkene,
die Betrunkene
das **Bett,** die Betten
betteln, du bettelst
der Bettler, die Bettlerin
die **Beule,** die Beulen
beurteilen, du beurteilst
die Beurteilung
die **Beute**
der **Beutel,** die Beutel
das Beuteltier
die **Bevölkerung**
bevor
bevorzugen, du bevorzugst
bewaffnet
bewässern, du bewässerst
das Feld
die Bewässerung

bewegen, du bewegst
sich bewegen
beweglich
die Bewegung
bewegungslos
beweisen, du beweist,
er bewies, sie hat bewiesen
der Beweis
sich **bewerben,** du bewirbst
dich, er bewarb sich,
sie hat sich beworben
die Bewerbung
die **Bewertung,**
die Bewertungen
bewerten
bewirten, du bewirtest
bewohnen → wohnen
der Bewohner,
die Bewohnerin
die **Bewölkung**
bewölkt
bewundern, du bewunderst
die Bewunderung
bewusst
bewusstlos
das Bewusstsein
bezahlen → zahlen
die Bezahlung
bezaubernd

die Blamage

die **Bezeichnung,**
die Bezeichnungen
bezeichnen
der **Bezirk,** die Bezirke
der **Bezug,** die Bezüge

Bi

die **Bibel,** die Bibeln
der **Biber,** die Biber
die **Bibliothek,** die Bibliotheken
biegen, du biegst, er bog,
sie hat gebogen
biegsam
die Biegung
die **Biene,** die Bienen
der Bienenstich
der Bienenstock
das **Bier,** die Biere
das **Biest,** die Biester
bieten, du bietest, er bot,
sie hat geboten
der **Bikini,** die Bikinis
das **Bild,** die Bilder
der Bildhauer,
die Bildhauerin
der Bildschirm
bilden, du bildest
sich bilden
die Bildung
billig
ich **bin** → sein
binden, du bindest,
er band, sie hat gebunden
die Binde
der Bindestrich
der Bindfaden
die Bindung
die **Biologie**
biologisch
die **Birke,** die Birken
die **Birne,** die Birnen
bis
bis jetzt
bisher
der **Bischof,** die Bischöfe
die **Bischöfin,** die Bischöfinnen
der **Biss,** die Bisse
bissig
die Bisswunde
ein **bisschen**
du **bist** → sein
das **Bit,** die Bits
bitten, du bittest, er bat,
sie hat gebeten
die Bitte
bitter
bitterböse
bitterkalt

Bl

blamieren, du blamierst ihn
sich blamieren
die Blamage
blank
die **Blase,** die Blasen
das Bläschen

blasen, du bläst, er blies, sie hat geblasen
das Blasinstrument
blass
blassrosa
die Blässe
das **Blatt,** die Blätter
blättern
der Blätterteig
blau
die Farbe Blau
blauäugig
die Blaubeere
bläulich
das Blaulicht
das **Blech,** die Bleche
der Blechschaden
das **Blei**
bleifrei
bleischwer
bleiben, du bleibst, er blieb, sie ist geblieben
bleich
das Bleichgesicht
der **Bleistift,** die Bleistifte
blenden, das Licht blendet
die Blende
die **Blesse,** die Blessen
blicken, du blickst
der Blick
die Blickrichtung
blind
der Blinde, die Blinde
der **Blinddarm**
die Blinddarmentzündung
die **Blindschleiche,** die Blindschleichen

bohren

blinken, du blinkst
der Blinker
das Blinklicht
blinzeln, du blinzelst
der **Blitz,** die Blitze
der Blitzableiter
blitzen
das Blitzlicht
blitzschnell
der **Block** (Felsblock), die Blöcke
der **Block** (Schreibblock), die Blocks oder: Blöcke
blockieren, du blockierst
die Blockade
blöd oder: blöde
der Blödsinn
blödsinnig
blond
bloß
blubbern, das Wasser blubbert
blühen, die Blume blüht
blühend

die **Blume,** die Blumen
das Blumenbeet
der Blumenkohl
der Blumenstrauß
die **Bluse,** die Blusen
bluten, du blutest
das Blut
der Blutdruck
das Blutgefäß
blutig
der Blutkreislauf
die Blutvergiftung
die **Blüte,** die Blüten

Bo

der **Bob,** die Bobs
die Bobbahn
der **Bock,** die Böcke
bockig
die **Bockwurst,** die Bockwürste
der **Boden,** die Böden
der **Bogen,** die Bogen
oder: Bögen
die **Bohne,** die Bohnen
bohren, du bohrst
der Bohrer
die Bohrmaschine
der **Boiler,** die Boiler
die **Boje,** die Bojen
die **Bombe,** die Bomben
bombardieren
der **Bon,** die Bons
das **Bonbon**
oder: der Bonbon,
die Bonbons
das **Boot,** die Boote
an **Bord** gehen
der **Bordstein,** die Bordsteine
borgen, du borgst
die **Börse,** die Börsen
die **Borste,** die Borsten
die **Böschung,** die Böschungen
böse oder: bös
bösartig
der Bösewicht
boshaft
die Bosheit
Bosnien-Herzegowina
bosnisch
der **Boss,** die Bosse
der **Bote,** die Boten
die **Botin,** die Botinnen
die **Boutique,** die Boutiquen
die **Box,** die Boxen
boxen, du boxt
der Boxer, die Boxerin
der Boxkampf
der **Boy,** die Boys

Br

der **Brand,** die Brände
die Brandstiftung
Brandenburg
die **Brandung**
Brasilien
brasilianisch
braten, du brätst, er briet,
sie hat gebraten
der Braten
die Bratkartoffeln
der **Brauch,** die Bräuche
brauchen, du brauchst
brauchbar
die **Brauerei,** die Brauereien

A B C D E F G H I J K L M N O P Q R S T U V W X Y Z

braun
die **Brause**
die **Braut,** die Bräute
das Brautkleid
das Brautpaar
der **Bräutigam,** die Bräutigame
brav
brechen, du brichst,
er brach, sie hat gebrochen
der **Brei,** die Breie
breiig
breit
weit und breit
die Breite
der Breitengrad
Bremen
bremsen, du bremst
die Bremse
das Bremspedal
die Bremsspur
brennen, das Feuer brennt,
es brannte, es hat gebrannt
brennbar
die **Brennnessel,**
die Brennnesseln
das **Brett,** die Bretter
die **Brezel,** die Brezeln

der **Brief,** die Briefe
der Brieffreund,
die Brieffreundin
der Briefkasten
die Briefmarke
der Briefträger,
die Briefträgerin
der **Brillant,** die Brillanten
die **Brille,** die Brillen
das Brillenetui
bringen, du bringst,
er brachte, sie hat gebracht
die **Brise,** die Brisen
der **Brocken,** die Brocken
bröckelig oder: bröcklig
bröckeln
brodeln, das Wasser
brodelt
die **Brombeere,**
die Brombeeren
die **Bronchitis**
die Bronchien
die **Bronze** !
die Bronzemedaille
die **Brosche,** die Broschen

brav

die **Broschüre,** die Broschüren
der **Brösel,** die Brösel
das **Brot,** die Brote
das Brötchen
der Brotkrümel
der **Bruch,** die Brüche
brüchig
die Bruchlandung
die **Brücke,** die Brücken
der **Bruder,** die Brüder
brüderlich
die **Brühe,** die Brühen
brühen
der Brühwürfel
brüllen, du brüllst
brummen, du brummst
der Brummer
der **Brunnen,** die Brunnen
die **Brust,** die Brüste
das Brustschwimmen
die Brustwarze
brüten, die Henne brütet
die Brut
der Brutkasten
brutal
die Brutalität
brutzeln, das Fett brutzelt

Bu

der **Bub** oder: Bube, die Buben
das **Buch,** die Bücher
die Bücherei
die Buchhandlung
die **Buche,** die Buchen
die Buchecker
die **Büchse,** die Büchsen
der Büchsenöffner
der **Buchstabe,** die Buchstaben
buchstabieren
die **Bucht,** die Buchten
der **Buckel,** die Buckel
buckelig oder: bucklig
sich **bücken,** du bückst dich
buddeln, du buddelst
der **Buddhismus**
Buddha
buddhistisch
die **Bude,** die Buden
der **Büffel,** die Büffel
die Büffelherde
der **Bügel,** die Bügel
bügeln, du bügelst
das Bügeleisen
der **Buggy,** die Buggys !
die **Bühne,** die Bühnen
Bulgarien
bulgarisch
der **Bulle,** die Bullen
der **Bumerang,** die Bumerangs
oder: Bumerange
bummeln, du bummelst
das **Bund** (Gebundenes),
die Bunde
das Bund Petersilie
der **Bund** (Vereinigung),
die Bünde
der Bundeskanzler,
die Bundeskanzlerin
das Bundesland
die Bundesliga
der Bundespräsident,
die Bundespräsidentin
die Bundesrepublik
Deutschland

das **Bündel,** die Bündel
bündeln
das **Bündnis,** die Bündnisse
bunt
bunt gestreift
das Buntpapier
der Buntstift
die **Burg,** die Burgen
der Burggraben
der **Burger,** die Burger
der **Bürger,** die Bürger
der Bürgermeister,
die Bürgermeisterin
der Bürgersteig
die **Bürgerin,** die Bürgerinnen
das **Büro,** die Büros
der **Bursche,** die Burschen
die **Bürste,** die Bürsten
bürsten
der **Bus,** die Busse
der Busfahrer,
die Busfahrerin
die Bushaltestelle
die Buslinie
der **Busch,** die Büsche
buschig
das **Büschel,** die Büschel
der **Busen,** die Busen
der **Bussard,** die Bussarde
büßen, du büßt
die Buße
das Bußgeld
die **Butter**
butterweich
die **Butterblume,**
die Butterblumen
der **Button,** die Buttons

C

Ca

das **Cabrio,** die Cabrios
das **Café,** die Cafés
campen, du campst
der Campingplatz
der **Caravan,** die Caravans
catchen, du catchst
der Catcher

Cd

die **CD,** die CDs
die Compactdisc
oder: Compact Disc
der CD-Player
die CD-ROM

Ce

das **Cello,** die Cellos oder: Celli
Celsius
10 Grad Celsius (10 °C)
das **Center,** die Center

Ch

das **Chamäleon,**
die Chamäleons
der **Champignon,**
die Champignons
der **Champion,** die Champions
die **Chance,** die Chancen
das **Chaos**
chaotisch
der **Charakter,** die Charaktere
die **Charts**

checken, du checkst

der **Chef,** die Chefs

die **Chefin,** die Chefinnen

die **Chemie**
der Chemiker,
die Chemikerin
chemisch

chic

der **Chicoree,** die Chicorees

China
chinesisch

der **Chip,** die Chips

der **Chirurg,** die Chirurgen

die **Chirurgin,** die Chirurginnen

das **Chlor**

der **Chor,** die Chöre

das **Christentum**
der Christ, die Christin
der Christbaum
das Christkind
christlich

Ci

die **City,** die Citys

Cl

clever

die **Clique,** die Cliquen

der **Clown,** die Clowns

der **Club,** die Clubs

Co

das **Cockpit,** die Cockpits

der **Code,** die Codes

die **Cola** oder: das Cola,
die Colas

der **Colt,** die Colts

der **Comic,** die Comics

der **Computer,** die Computer

der **Container,** die Container

cool

die **Cornflakes**

die **Couch,** die Couchs
oder: Couchen

der **Count-down**
oder: Countdown,
die Count-downs
oder: Countdowns

das **Couscous**
oder: der Couscous

der **Cousin,** die Cousins

die **Cousine,** die Cousinen

der **Cowboy,** die Cowboys

das **Cowgirl,** die Cowgirls

Cr

die **Creme,** die Cremes
cremig

das **Croissant,** die Croissants

Cu

der **Curry** oder: das Curry
die Currywurst

der **Cursor,** die Cursor

Da

da
da sein
dableiben
dabei

das **Dach,** die Dächer
der Dachdecker,
die Dachdeckerin
der **Dachs,** die Dachse
dadurch
dafür
dagegen
daheim
daher
dahin
dahinten
dahinter
dahinter stecken
die **Dahlie,** die Dahlien
damals
die **Dame,** die Damen
damit
der **Damm,** die Dämme
die **Dämmerung**
dämmerig oder: dämmrig
der **Dampf,** die Dämpfe
dampfen
der Dampfer
die Dampfmaschine
danach
daneben
Dänemark
dänisch
Danke!
dankbar
danken
das Dankeschön
dann
daran
daran denken
darauf
daraufhin
daraus
darin
der **Darm,** die Därme
darstellen, du stellst dar
die Darstellung
das **Darts**
darüber
darum
darunter
darunter liegen
das
das Auto
dass
Ich weiß, dass ...
dasselbe
die **Datei,** die Dateien
der **Dativ**
die **Dattel,** die Datteln
das **Datum,** die Daten
dauern, es dauert
dauernd
die Dauerwelle
der **Daumen,** die Daumen
davon
das kommt davon
er ist davongekommen
davor
dazu
dazugehören
dazwischen

De

das **Deck,** die Decks
die **Decke,** die Decken
in Deckung gehen
das Deckweiß
der **Deckel,** die Deckel

deftig
dehnen, du dehnst
dehnbar
die Dehnung
der **Deich,** die Deiche
der Deichbruch
die **Deichsel,** die Deichseln
dein, deine, deiner
deinetwegen
dekorieren, du dekorierst
die Dekoration
der **Delfin,** die Delfine
die **Delikatesse,**
die Delikatessen
der **Delphin,** die Delphine
dem
neben dem Haus
demnächst
die **Demokratie,**
die Demokratien
demokratisch
demonstrieren,
du demonstrierst
die Demo
die Demonstration
demütig
den
den Schirm öffnen
denen
bei denen
denken, du denkst,
er dachte, sie hat gedacht
denkfaul
der Denkzettel
das **Denkmal,** die Denkmäler
denn
mehr denn je
dennoch
das **Deo,** die Deos
das Deodorant
der
der Mond
derb
deren
Kinder, deren
Mütter schimpfen, ...
derselbe
des
das Buch des Jungen
deshalb
dessen
der Vogel, dessen
Schnabel rot ist, ...
das **Dessert,** die Desserts
desto
je eher, desto besser
deswegen
der **Detektiv,** die Detektive
die **Detektivin,**
die Detektivinnen

A B C D E F G H I J K L M N O P Q R S T U V W X Y Z

deuten, du deutest
deutlich
die Deutung
Deutschland
deutsch
Deutsch lernen
die Deutsche Mark (DM)
der **Dezember**

Di

das **Dia,** die Dias
der Diaprojektor
der **Diabetiker,** die Diabetiker
die **Diabetikerin,**
die Diabetikerinnen
diagonal
der **Dialekt,** die Dialekte
der **Diamant,** die Diamanten
die **Diät,** die Diäten
dich
ich liebe dich
dicht
dicht gedrängt
die Dichtung
dichten, du dichtest
der Dichter, die Dichterin
dick
durch dick und dünn
das Dickicht
der Dickkopf
die
die Sonne
der **Dieb,** die Diebe
der Diebstahl
die **Diebin,** die Diebinnen
die **Diele,** die Dielen
dienen, du dienst
der **Dienst,** die Dienste
der **Dienstag,** die Dienstage
am Dienstag
am Dienstagabend
dienstags
dies
diesmal
der **Diesel**
der Dieselmotor
dieselbe
diese, dieser, dieses
diesig
die **Differenz,** die Differenzen
digital
die Digitaluhr
das **Diktat,** die Diktate
diktieren
die **Diktatur,** die Diktaturen
der Diktator, die Diktatorin
das **Ding,** die Dinge
der **Dinkel**
der **Dinosaurier,**
die Dinosaurier
das **Diplom,** die Diplome
dir
ich schreibe dir
direkt
der **Direktor,** die Direktoren
die **Direktorin,**
die Direktorinnen
dirigieren, du dirigierst
der Dirigent, die Dirigentin
das **Dirndl,** die Dirndln
die **Disco,** die Discos
die Discothek
der Discjockey (DJ)
die **Diskette,** die Disketten

die **Disko,** die Diskos
die Diskothek
der Diskjockey (DJ)
die **Diskussion,** die Diskussionen
diskutieren
das **Display,** die Displays
disqualifizieren, der Läufer wird disqualifiziert
die **Distanz,** die Distanzen
die **Distel,** die Disteln
die **Disziplin**
diszipliniert
dividieren, du dividierst
die Division

Do

doch
der **Docht,** die Dochte
der **Doktor,** die Doktoren
die **Doktorin,** die Doktorinnen
das **Dokument,** die Dokumente
der **Dolch,** die Dolche
der **Dollar,** die Dollars
der **Dolmetscher,** die Dolmetscher
die **Dolmetscherin,** die Dolmetscherinnen
der **Dom,** die Dome
das **Domino,** die Dominos
der **Dompteur,** die Dompteure
die **Dompteurin,** die Dompteurinnen
die **Donau**
der **Dönerkebap,** die Dönerkebaps
der **Donner,** die Donner
donnern
das Donnerwetter
der **Donnerstag**
am Donnerstag
am Donnerstagabend
donnerstags
doof 
das **Doping**
doppelt
doppelt so viel
das Doppelte
das **Dorf,** die Dörfer
der **Dorn,** die Dornen
dort
dort bleiben
dorthin

der Dirigent

die **Dose,** die Dosen
der Dosenöffner

Dr

der **Drache** (Fabeltier), die Drachen
der **Drachen** (Spielzeug), die Drachen
das Drachenfliegen
der **Draht,** die Drähte
das **Drama,** die Dramen
dramatisch
dran (daran)
drankommen
drängeln, du drängelst
die Drängelei
drängen, du drängst
drauf (darauf)
gut drauf sein
draußen
der **Dreck**
dreckig
der Dreckspatz
drehen, du drehst
der Drehwurm
drei
eine Drei schreiben
dreimal
dreißig
dreizehn
das **Dreieck,** die Dreiecke
dreieckig
Dresden
dressieren, du dressierst
die Dressur
dribbeln, du dribbelst
drin (darin)
drinbleiben
dringend
drinnen
drittens
zu dritt
der Dritte, die Dritte
das Drittel
zum dritten Mal
die **Droge,** die Drogen
drogenabhängig
die **Drogerie,** die Drogerien
drohen, du drohst
die Drohung
dröhnen, der Motor dröhnt
drollig
die **Drossel,** die Drosseln
drüben
drucken, du druckst
der Druck
der Drucker
die Druckerei
die Druckschrift
drücken, du drückst
sich drücken

das Drama

drunter (darunter)
drunter und drüber
die **Drüse,** die Drüsen

Ds

der **Dschungel**

Du

du
der **Dübel,** die Dübel
sich **ducken,** du duckst dich
der **Duft,** die Düfte
duften
dumm, dümmer,
am dümmsten
die Dummheit
dumpf
die **Düne,** die Dünen
der **Dünger,** die Dünger
dunkel
dunkelblau
die Dunkelheit
dünn
der **Dunst,** die Dünste
dünsten
das **Duo,** die Duos
durch
durchaus
der **Durchblick**
durchblicken
durchdrehen,
du drehst durch
durcheinander
der **Durchfall,** die Durchfälle
der **Durchgang,**
die Durchgänge
durchgehend
durchlässig
der **Durchmesser,**
die Durchmesser
die **Durchsage,** die Durchsagen
der **Durchschnitt,**
die Durchschnitte
durchschnittlich
durchsichtig
der **Durchzug**
dürfen, du darfst, er durfte,
sie hat gedurft
dürftig
dürr
die Dürre
der **Durst**
durstig
duschen, du duschst
die Dusche
die **Düse,** die Düsen
das Düsenflugzeug
der Düsenjäger
Düsseldorf
düster
das **Dutzend,** die Dutzende
sich **duzen,** du duzt ihn

Dy

dynamisch
das **Dynamit**
der **Dynamo,** die Dynamos

A B C D E F G H I J K L M N O P Q R S T U V W X Y Z

E

Eb

die **Ebbe,** die Ebben
Ebbe und Flut
eben
die **Ebene,** die Ebenen
ebenfalls
der **Eber,** die Eber

Ec

das **Echo,** die Echos
echt
die Echtheit
die **Ecke,** die Ecken
eckig
der Eckzahn

Ed

edel
der **Edelstein,** die Edelsteine

Ef

der **Efeu**
der **Effekt,** die Effekte

Eg

egal
egoistisch
der Egoist, die Egoistin

Eh

die **Ehe,** die Ehen
das Ehepaar
der Ehering
ehe
ehemals
je eher, desto besser
die **Ehre**
ehrenamtlich
das Ehrenwort
ehrgeizig
der Ehrgeiz
ehrlich
die Ehrlichkeit

Ei

das **Ei,** die Eier
der Eidotter
oder: das Eidotter
die Eierschale
das Eigelb
das Eiweiß
die **Eiche,** die Eichen
die Eichel
der **Eichelhäher,**
die Eichelhäher
das **Eichhörnchen,**
die Eichhörnchen
der **Eid,** die Eide
die **Eidechse,** die Eidechsen
eifersüchtig
die Eifersucht
eifrig
der Eifer
eigen
eigenartig
das Eigentor
eigenwillig
die **Eigenschaft,**
die Eigenschaften
das Eigenschaftswort

eigentlich
das **Eigentum,** die Eigentümer
sich **eignen,** du eignest dich
eilen, du eilst
in Eile sein
eilig
der **Eimer,** die Eimer
ein, eine, einer
einander
die **Einbahnstraße,** die Einbahnstraßen
der **Einband,** die Einbände
einbrechen, du brichst ein, er brach ein, sie ist eingebrochen
der Einbrecher, die Einbrecherin
der **Einbruch,** die Einbrüche
einchecken, du checkst ein
eincremen, du cremst ein
eindeutig
der **Eindruck,** die Eindrücke
eindrucksvoll
eineiig
eineiige Zwillinge
eineinhalb
einerlei
einfach
das Einfachste
einfädeln, du fädelst ein
die **Einfahrt,** die Einfahrten
der **Einfall,** die Einfälle
einfallen
einfallsreich
einfarbig
der **Einfluss,** die Einflüsse
einflussreich

der **Eingang,** die Eingänge
eingebildet
sich etwas einbilden
eingepackt
eingeschnappt
sich **eingewöhnen** → gewöhnen
die Eingewöhnungszeit
einhalten, du hältst ein, er hielt ein, sie hat eingehalten
einheften, du heftest ein
einheimisch
die **Einheit,** die Einheiten
einheitlich
einig
sich einigen
die Einigkeit
einige, einiges
einige Male
einigermaßen
einkaufen → kaufen
der Einkauf
der Einkaufsbummel
das Einkaufszentrum
einklammern, du klammerst ein
sich **einklemmen,** du klemmst dir den Finger ein
das **Einkommen,** die Einkommen
einkremen, du kremst ein
einladen, du lädst ein, er lud ein, sie hat eingeladen
die Einladung

der **Einlass,** die Einlässe
die **Einleitung,** die Einleitungen
einleuchtend
einmachen, du machst Obst ein
das Einmachglas
einmal
auf einmal
einmalig
das **Einmaleins**
die **Einmündung,** die Einmündungen
die **Einnahme,** die Einnahmen
sich **einprägen,** du prägst dir ein
einrahmen, du rahmst ein
einräumen, du räumst ein
die **Einrichtung,** die Einrichtungen
eins
es ist halb eins
eine Eins schreiben
einsam
die Einsamkeit
der **Einsatz,** die Einsätze
einsatzbereit
einschenken, du schenkst ein
einschlafen → schlafen
einschläfern
einschließlich
einschließen
das **Einschreiben,** die Einschreiben
die **Einschulung**
einsehen → sehen
das Einsehen

einseifen, du seifst ein
der **Einsendeschluss**
die **Einsicht,** die Einsichten
einsperren, du sperrst ein
der **Einspruch,** die Einsprüche
einspurig
einst
einstellig
die **Einstellung,** die Einstellungen
der **Einstich,** die Einstiche
der **Einstieg,** die Einstiege
einstimmig
einstündig
der **Einsturz,** die Einstürze
einstürzen
einteilen → teilen
die Einteilung
der **Eintopf,** die Eintöpfe
die **Eintragung,** die Eintragungen
der **Eintritt**
die Eintrittskarte
einverstanden
die **Einwanderung,** die Einwanderungen
der Einwanderer,
die Einwanderin
einwandern
einwandfrei
die **Einweihung,** die Einweihungen
der **Einwohner,** die Einwohner
die **Einwohnerin,** die Einwohnerinnen
der **Einwurf,** die Einwürfe
die **Einzahl**

der Einsturz

die **Einzelheit,** die Einzelheiten
einzeln
jeder Einzelne
einziehen, du ziehst ein, er zog ein, sie ist eingezogen
einzig
einzigartig
der Einzige
der **Einzug,** die Einzüge
das **Eis**
Eis laufen
der Eisbär
eisgekühlt
das Eishockey
eisig
der Eiszapfen
die Eiszeit
das **Eisen,** die Eisen
die **Eisenbahn,** die Eisenbahnen
eitel
die Eitelkeit
der **Eiter**
eitern
der Eiterpickel
das **Eiweiß,** die Eiweiße

Ek

der **Ekel**
das Ekel 
ekelig oder: eklig
ekelhaft
sich ekeln

El

elastisch
die **Elbe**
der **Elch,** die Elche
der **Elefant,** die Elefanten
elegant
die Eleganz
elektrisch
der Elektriker, die Elektrikerin
die Elektrizität
das Elektrogerät
das **Element,** die Elemente
das **Elend**
ich fühle mich elend
das Elendsviertel
elf
die Elf
der Elfmeter
das Elfmeterschießen

die **Elfe,** die Elfen
der **Ellbogen** oder: Ellenbogen,
die Ellbogen
oder: Ellenbogen
die Elle
ellenlang
die **Elster,** die Elstern
die **Eltern**
der Elternabend

entlarven

Em

die **E-Mail,** !
die E-Mails
emanzipiert
die Emanzipation
der **Embryo,** die Embryos
die **Emigration**
der Emigrant,
die Emigrantin
emigrieren
empfangen, du empfängst,
er empfing, sie hat
empfangen
der Empfänger,
die Empfängerin
empfehlen, du empfiehlst,
er empfahl, sie hat
empfohlen
empfehlenswert
die Empfehlung
empfinden, du empfindest,
er empfand, sie hat
empfunden
empfindlich
die Empfindung
empor
emporsteigen
sich **empören,** du empörst dich
empörend
empört
die Empörung

En

das **Ende,** die Enden
am Ende
zu Ende
Ende Oktober
enden
endgültig
endlos
das Endspiel
die Endung
endlich
die **Energie,** die Energien
Energie sparend
energisch
eng
eng befreundet
der **Engel,** die Engel
der **Engerling,** die Engerlinge

England
englisch
der **Enkel,** die Enkel
das Enkelkind
die **Enkelin,** die Enkelinnen
enorm
entbehren, du entbehrst
die **Entbindung,**
die Entbindungen
entbinden
entdecken, du entdeckst
der Entdecker,
die Entdeckerin
die Entdeckung
die Entdeckungsreise
die **Ente,** die Enten
die **Entfernung,**
die Entfernungen
entfernen
entführen, du entführst
der Entführer,
die Entführerin
die Entführung
entgegen
entgegennehmen
entgegnen, du entgegnest
entgehen, du entgehst,
er entging, sie ist entgangen
mir entgeht etwas
entgeistert
entgleisen, der Zug
entgleist
enthalten, die Flasche
enthält, sie enthielt, sie hat
enthalten
sich enthalten
die Enthaltung

entkommen,
du entkommst, er entkam,
sie ist entkommen
entlang
am Ufer entlang
den Weg entlanglaufen
entlarven, du entlarvst
entlassen, du entlässt,
er entließ, sie hat entlassen
die Entlassung
entlegen
entmutigt
entnervt
entrinnen, du entrinnst,
er entrann, sie ist entronnen
das Entrinnen
entrümpeln,
du entrümpelst
die Entrümpelung
oder: Entrümplung
sich **entrüsten,**
du entrüstest dich
die Entrüstung
die **Entschädigung,**
die Entschädigungen
entscheiden,
du entscheidest,
er entschied, sie hat
entschieden
entscheidend
die Entscheidung
sich **entschließen,**
du entschließt dich,
er entschloss sich,
sie hat sich entschlossen
der **Entschluss,**
die Entschlüsse

entschuldigen,
du entschuldigst
sich entschuldigen
die Entschuldigung
das **Entsetzen**
entsetzt
entsetzlich
entsorgen, du entsorgst
sich **entspannen,**
du entspannst dich
entspannt
die Entspannung
entsprechend
entstehen, das Feuer
entsteht, es entstand,
es ist entstanden
die Entstehung
entstellt
enttäuscht
enttäuschen
die Enttäuschung
die **Entwarnung,**
die Entwarnungen
entweder
entweder … oder …
entwerfen, du entwirfst,
er entwarf, sie hat
entworfen
der Entwurf
entwerten, du entwertest
entwickeln, du entwickelst
sich entwickeln
die Entwicklung
die Entwicklungshilfe
entwischen, du entwischst
entziffern, du entzifferst
entzückend
sich **entzünden,** die Wunde
entzündet sich
die Entzündung
entzwei
entzweigehen

Er

er
er kommt morgen
sich **erbarmen,**
du erbarmst dich
erbärmlich
erbarmungslos
erben, du erbst
das Erbe
der Erbe, die Erbin
erblich
die Erbschaft
sich **erbrechen,** du erbrichst
dich, er erbrach sich,
sie hat sich erbrochen
das Erbrochene
die **Erbse,** die Erbsen
erbsengroß
das **Erdbeben,** die Erdbeben
die **Erdbeere,** die Erdbeeren
das Erdbeereis
die **Erde**
der Erdball
der Erdboden
das Erdgeschoss
die Erdkunde
das Erdöl
der Erdteil
sich **ereignen,** es ereignet sich
das Ereignis
ereignisreich

erfahren, du erfährst,
er erfuhr, sie hat erfahren
die Erfahrung
erfassen, du erfasst
erfinden, du erfindest,
er erfand, sie hat erfunden
der Erfinder, die Erfinderin
erfinderisch
die Erfindung
der **Erfolg,** die Erfolge
erfolgreich
erforschen → forschen
die Erforschung
erfreulich
sich **erfrischen,**
du erfrischst dich
erfrischend
die Erfrischung
Erfurt
ergänzen, du ergänzt
die Ergänzung
sich **ergeben,** du ergibst dich,
er ergab sich, sie hat
sich ergeben
das **Ergebnis,** die Ergebnisse
ergeben
ergebnislos
erhitzen, du erhitzt
sich **erholen,** du erholst dich
erholsam
die Erholung
sich **erinnern,** du erinnerst dich
die Erinnerung
die **Erkältung,** die Erkältungen
sich erkälten
erkennen → kennen
die Erkenntnis
erklären, du erklärst
die Erklärung
erkranken, du erkrankst
die Erkrankung
sich **erkundigen,**
du erkundigst dich
erlauben, du erlaubst
die Erlaubnis
die **Erläuterung,**
die Erläuterungen
erläutern

die Erfindung

das **Erlebnis,** die Erlebnisse
erleben
die Erlebniserzählung
erlebnisreich
erledigen, du erledigst
erledigt sein
die **Erleichterung**
erleichtert
der **Erlös,** die Erlöse
die **Erlösung**
erlösen
ermahnen → mahnen
die Ermahnung
die **Ermäßigung,**
die Ermäßigungen
ermäßigt
ermutigen, du ermutigst
die Ermutigung
die **Ernährung**
sich ernähren
ernst
ernst nehmen
es wird ernst
der Ernst
im Ernst
ernsthaft
ernten, du erntest
die Ernte
das Erntedankfest
erobern, du eroberst
der Eroberer, die Eroberin
die Eroberung
der **Erpel,** die Erpel
erpressen, du erpresst
der Erpresser,
die Erpresserin
die Erpressung

die Erlösung

die **Erregung**
erregt
erreichen, du erreichst
erreichbar
erröten, du errötest
der **Ersatz**
die Ersatzbank
das Ersatzrad
das Ersatzteil
erscheinen, du erscheinst,
er erschien, sie ist
erschienen
die Erscheinung
erschöpft
die Erschöpfung
erschrecken (einen
Schreck bekommen),
du erschrickst, er erschrak,
sie ist erschrocken
erschrecken (jemanden
erschrecken), du erschreckst
ihn, er erschreckte ihn,
sie hat ihn erschreckt

erschütternd
die Erschütterung
erst
erst mal
erst recht
der Erste, die Erste
erstens
als Erster, als Erste
erstaunlich
erstaunen
das Erstaunen
ersticken, sie erstickt
die Erstickungsgefahr
ertappen, du ertappst
ertragen, du erträgst,
er ertrug, sie hat ertragen
erträglich
erwachsen
der Erwachsene,
die Erwachsene
erwähnen, du erwähnst
erwarten → warten
die Erwartung
erwerben, du erwirbst,
er erwarb, sie hat erworben
erwerbstätig
erwidern, du erwiderst
die Erwiderung
erwischen, du erwischst
erwünscht
das **Erz,** die Erze
erzählen, du erzählst
der Erzähler, die Erzählerin
die Erzählung
die **Erziehung**
erziehen
der Erzieher, die Erzieherin

Es

es
der **Esel,** die Esel
die Eselsbrücke
das Eselsohr
der **Eskimo,** die Eskimos
oder: Eskimo
essen, du isst, er aß,
sie hat gegessen
das Essen
der Esslöffel
der **Essig,** die Essige

Et

die **Etage,** die Etagen
die **Etappe,** die Etappen
das **Etikett,** die Etiketten
etikettieren
das **Etui,** die Etuis
etwa
etwas
etwas anderes
etwas Gutes

Eu

euch
euer, euere oder: eure
euretwegen
die **Eule,** die Eulen
der **Euro,** die Euros oder: Euro
der Eurocheque
der Eurocity (EC)
Europa
europäisch
die Europäische Union (EU)
die Europameisterschaft
das **Euter,** die Euter

Ev

evakuieren, die Bewohner werden evakuiert
evangelisch
eventuell

Ew

ewig
die Ewigkeit

Ex

exakt
das **Examen,** die Examen
das **Exemplar,** die Exemplare
exklusiv
exotisch
die **Expedition,** die Expeditionen
das **Experiment,** die Experimente
experimentieren
der **Experte,** die Experten
die **Expertin,** die Expertinnen
explodieren, die Bombe explodiert
die Explosion
extra
extrem

F

Fa

die **Fabel,** die Fabeln
die **Fabrik,** die Fabriken
fabrizieren
das **Fach,** die Fächer
der Fachmann, die Fachfrau
der **Fächer,** die Fächer
das **Fachwerkhaus,** die Fachwerkhäuser
die **Fackel,** die Fackeln
fade oder: fad
der **Faden,** die Fäden
das **Fagott,** die Fagotte
fähig
die Fähigkeit
die **Fahndung,** die Fahndungen
fahnden
die **Fahne,** die Fahnen
die Fahnenstange
die **Fähre,** die Fähren
fahren, du fährst, er fuhr, sie ist gefahren
die Fahrbahn
der Fahrer, die Fahrerin
die Fahrkarte
der Fahrstuhl
die Fahrt
das Fahrzeug
das **Fahrrad,** die Fahrräder
die **Fährte,** die Fährten
fair
die Fairness
der **Falke,** die Falken
der **Fall,** die Fälle
die **Falle,** die Fallen
fallen, du fällst, er fiel, sie ist gefallen
der Fallschirm
fällen, du fällst den Baum
fällig

falls
falsch
fälschen
die Fälschung
falten, du faltest
die Falte
faltig
der **Falter,** die Falter
die **Familie,** die Familien
die Familienfeier
der Familienname
der **Fan,** die Fans
der Fanclub
oder: Fanklub
fangen, du fängst, er fing, sie hat gefangen
der Fang
die **Fantasie**
fantasieren
fantasievoll
fantastisch
die **Farbe,** die Farben
färben
farbenblind
farbenfroh
farbig
der Farbton
die **Farm,** die Farmen
der **Farn,** die Farne
der **Fasan,** die Fasane oder: Fasanen
der **Fasching**
das Faschingskostüm
faseln, du faselst
die **Faser,** die Fasern
faserig oder: fasrig
die **Fasnacht**
das **Fass,** die Fässer
die **Fassade,** die Fassaden
fassen, du fasst
die Fassung
fassungslos
fast
fasten, du fastest
das Fasten
die Fastenzeit
das **Fastfood** oder: Fast Food
die **Fastnacht**
faszinierend
die **Fata Morgana**
fauchen, die Katze faucht
faul
faulenzen
die Faulheit
der Faulpelz
das Faultier
die **Faust,** die Fäuste
faustdick
die Faustregel
der **Favorit,** die Favoriten
die **Favoritin,** die Favoritinnen
das **Fax,** die Faxe
faxen
die **Faxen**
Faxen machen

Fe

der **Februar**
fechten, du fichtst, er focht, sie hat gefochten
der Fechter, die Fechterin
die **Feder,** die Federn
federleicht
die **Fee,** die Feen

fegen, du fegst
fehlen, du fehlst
der **Fehler,** die Fehler
fehlerhaft
fehlerlos
feiern, du feierst
die Feier
feierlich
der Feiertag
feige oder: feig
der Feigling
die **Feige,** die Feigen
feilen, du feilst
die Feile
fein
sich fein machen
der Feinschmecker,
die Feinschmeckerin
der **Feind,** die Feinde
feindlich
die Feindschaft
das **Feld,** die Felder
der Feldweg
die **Felge,** die Felgen
das **Fell,** die Felle
der **Fels,** die Felsen
der Felsblock
felsenfest
felsig
der **Fenchel**
der Fencheltee
das **Fenster,** die Fenster
der Fensterrahmen
die Fensterscheibe
die **Ferien**
der Ferienjob
das **Ferkel,** die Ferkel

fern
die Fernbedienung
die Ferne
der Fernfahrer,
die Fernfahrerin
das Ferngespräch
das Fernglas
der **Fernseher,** die Fernseher
fernsehen
das Fernsehprogramm
die **Ferse,** die Fersen
fertig
fertig machen
die **Fessel,** die Fesseln
fesseln
fest
festhalten
die Festplatte
die Festung
das **Fest,** die Feste
das Festival
festlich
der Festtag
feststellen, du stellst fest
die **Fete,** die Feten
fett
fett gedruckt
das Fett
fettig

der **Fetzen,** die Fetzen
feucht
die Feuchtigkeit
das **Feuer,** die Feuer
die Feuerwehr
das Feuerwerk
das Feuerzeug
feurig

Fi

die **Fibel,** die Fibeln
die **Fichte,** die Fichten
das **Fieber**
fieberfrei
fieberig oder: fiebrig
das Fieberthermometer
fies
die **Figur,** die Figuren
der **Film,** die Filme
filmen
der **Filter** oder: das Filter, die Filter
filtern
das Filterpapier
der **Filz,** die Filze
die Filzpantoffeln
der Filzstift
das **Finale,** die Finale oder: Finals
das **Finanzamt,** die Finanzämter
die Finanzen
finanzieren
finden, du findest, er fand, sie hat gefunden
der Finder, die Finderin
der Finderlohn
der Findling
der **Finger,** die Finger
der Fingerabdruck
fingerbreit
der Fingernagel
der **Fink,** die Finken
Finnland
finnisch
finster
die Finsternis
der **Firlefanz**
die **Firma,** die Firmen
der Firmenchef
der **Fisch,** die Fische
fischen
der Fischer, die Fischerin
das Fischerboot
die Fischgräte
das Fischstäbchen
fit, fitter, am fittesten
das Fitnesscenter

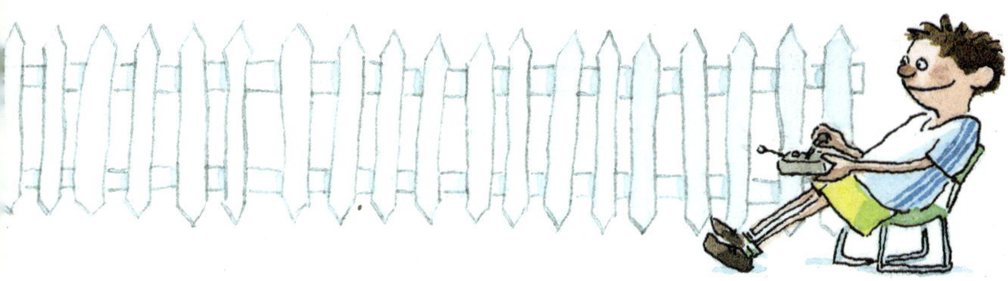

die Fernbedienung

fix
fix und fertig

Fl

flach
die **Fläche,** die Flächen
flackern, die Kerze flackert
der **Fladen,** die Fladen
das Fladenbrot
die **Flagge,** die Flaggen
der **Flamingo,** die Flamingos
die **Flamme,** die Flammen
die **Flanke,** die Flanken
die **Flasche,** die Flaschen
der Flaschenöffner
flattern, die Gans flattert
flau
der **Flaum**
flauschig
flechten, du flichtst,
er flocht, sie hat geflochten
der **Fleck** oder: Flecken,
die Flecken
fleckenlos
fleckig
die **Fledermaus,**
die Fledermäuse
der **Flegel,** die Flegel
flehen, du flehst
das **Fleisch**
der Fleischer,
die Fleischerin
die Fleischerei
fleischig
der **Fleiß**
fleißig
flennen, du flennst 
flicken, du flickst
der Flicken
das Flickzeug
der **Flieder**
die **Fliege,** die Fliegen
die Fliegenklatsche
fliegen, du fliegst,
er flog, sie ist geflogen
der Flieger
fliehen, du fliehst, er floh,
sie ist geflohen
die **Fliese,** die Fliesen
fliesen
der Fliesenleger,
die Fliesenlegerin
fließen, das Wasser fließt,
es floss, es ist geflossen
das Fließband
fließend
flimmern, die Luft flimmert
flink
der **Flipper,** die Flipper
flippern
flitzen, du flitzt
die **Flocke,** die Flocken
flockig
der **Floh,** die Flöhe
der Flohbiss
der Flohmarkt
der **Flop,** die Flops
das **Floß,** die Flöße
die **Flosse,** die Flossen

fliegen

die **Flöte,** die Flöten
flöten
flott
fluchen, du fluchst
der Fluch
die **Flucht**
fluchtartig
flüchten
der Flüchtling
der Fluchtweg
der **Flüchtigkeitsfehler,**
die Flüchtigkeitsfehler
der **Flug,** die Flüge
der Flughafen
das Flugzeug
der **Flügel,** die Flügel
flunkern, du flunkerst
der **Flur,** die Flure
der **Fluss,** die Flüsse
das Flussbett
die Flussmündung
das Flussufer
flüssig
die Flüssigkeit
flüstern, du flüsterst
die **Flut,** die Fluten
das Flutlicht

Fo

das **Fohlen,** die Fohlen
der **Föhn** (Haartrockner),
die Föhne
föhnen
der **Föhn** (warmer Wind)
folgen, du folgst
die Folge
folgend
die **Folie,** die Folien
die **Folter,** die Foltern
foltern
die **Fontäne,** die Fontänen
fordern, du forderst
die Forderung
fördern, du förderst
das Förderband
die Förderschule
der Förderunterricht
die **Forelle,** die Forellen
die **Form,** die Formen
das Format
formen
das Formular
formulieren
die **Formel 1**
forschen, du forschst
der Forscher, die Forscherin
die Forschung
der **Förster,** die Förster
die **Försterin,** die Försterinnen
fort
fort sein
sich **fortbewegen** → bewegen
das Fortbewegungsmittel
sich **fortbilden** → bilden
die Fortbildung

A B C D E F G H I J K L M N O P Q R S T U V W X Y Z

fortfahren → fahren
von zu Hause fortfahren
mit dem Schreiben fortfahren

die **Fortpflanzung**
sich fortpflanzen

der **Fortschritt,** die Fortschritte
fortschrittlich

die **Fortsetzung,** die Fortsetzungen
fortsetzen
die Fortsetzungsgeschichte

das **Fossil,** die Fossilien

das **Foto,** die Fotos
der Fotoapparat
der Fotograf, die Fotografin
fotografieren

die **Fotokopie,** die Fotokopien
fotokopieren

das **Foul,** die Fouls
foulen

Fr

die **Fracht,** die Frachten
der Frachter
das Frachtschiff

fragen, du fragst
die Frage
der Fragesatz
das Fragezeichen

Frankreich
französisch

die **Fratze,** die Fratzen
Fratzen schneiden

die **Frau,** die Frauen

frech
die Frechheit

frei
das Freibad
freihalten
freihändig
die Freiheit
der Freistoß
die Freistunde
freiwillig

der **Freitag,** die Freitage
am Freitag
am Freitagabend
freitags

die **Freizeit**
die Freizeitbeschäftigung

fremd
der Fremde, die Fremde
die Fremdsprache
das Fremdwort

fressen, der Hund frisst, er fraß, er hat gefressen

die **Freude,** die Freuden
freudestrahlend

sich **freuen,** du freust dich

der **Freund,** die Freunde
die Freundschaft
freundschaftlich

die **Freundin,** die Freundinnen

freundlich

der **Frieden** oder: Friede
der Friedensvertrag
friedlich

der **Friedhof,** die Friedhöfe

frieren, du frierst, er fror, sie hat gefroren

die **Frikadelle,** die Frikadellen

das **Frisbee,** die Frisbees
die Frisbeescheibe

frisch
frisch gebacken
die Frischmilch
der **Friseur,** die Friseure
die **Friseurin,** die Friseurinnen
der **Frisör,** die Frisöre
die **Frisörin,** die Frisörinnen
die **Frist,** die Fristen
fristlos
die **Frisur,** die Frisuren
froh
fröhlich
die Fröhlichkeit
fromm
die Frömmigkeit
die **Front,** die Fronten
frontal
der **Frosch,** die Frösche
der **Frost,** die Fröste
frostig
das **Frottee** oder: der Frottee
das Frotteehandtuch
die **Frucht,** die Früchte
fruchtbar
fruchtig
früh
morgen früh
das Frühjahr
frühmorgens
die Frühschicht
frühzeitig
der **Frühling**
der Frühlingsanfang
das **Frühstück,** die Frühstücke
frühstücken
der **Frust**
frustriert

die Freunde

Fu

der **Fuchs,** die Füchse
fuchteln, du fuchtelst
fühlen, du fühlst
der Fühler
die **Fuhre,** die Fuhren
der Fuhrpark
führen, du führst
der Führerschein
die Führung
füllen, du füllst
die Fülle
die Füllung
der **Füller,** die Füller
der Füllfederhalter
der **Fund,** die Funde
das Fundbüro
das **Fundament,**
die Fundamente
fünf
eine Fünf schreiben
fünfmal
das Fünfmarkstück
fünfzehn
fünfzig

a b c d e f g h i j k l m n o p q r s t u v w x y z

der **Funk**
funken
das Funkgerät
die Funkstille
der Funkturm
der **Funke** oder: Funken,
die Funken
funkeln, der Stern funkelt
funkelnagelneu
funktionieren,
die Maschine funktioniert
die Funktion
für
füreinander
das Fürwort
die **Furche,** die Furchen
sich **fürchten,** du fürchtest dich
die Furcht
furchtbar
fürchterlich
fürsorglich
der **Fürst,** die Fürsten
die **Fürstin,** die Fürstinnen
der **Furz,** die Fürze
der **Fuß,** die Füße
zu Fuß gehen
der Fußboden
der Fußgänger,
die Fußgängerin
der **Fußball,** die Fußbälle
Fußball spielen
der **Fussel** oder: die Fussel,
die Fusseln
das **Futter**
füttern
die Fütterung
das **Futur**

G

Ga

die **Gabe,** die Gaben
die **Gabel,** die Gabeln
der Gabelstapler
gackern, das Huhn gackert
gaffen, du gaffst
der **Gag,** die Gags
gähnen, du gähnst
die **Galaxie,** die Galaxien
die **Galeere,** die Galeeren
die **Galerie,** die Galerien
der **Galgen,** die Galgen
die **Galle,** die Gallen
galoppieren, das Pferd
galoppiert
der Galopp
gammeln, du gammelst
die **Gämse,** die Gämsen
der **Gang,** die Gänge
die Gangschaltung
der **Gangster,** die Gangster
der **Ganove,** die Ganoven
die **Gans,** die Gänse
das Gänsefüßchen
der Gänserich
das **Gänseblümchen,**
die Gänseblümchen
ganz
ganz bestimmt
ganztags
die Ganztagsschule
gar
gar nicht

die **Garage,** die Garagen
die **Garantie,** die Garantien
garantieren
die **Garderobe,** die Garderoben
die **Gardine,** die Gardinen
garen, das Essen gart
das Gemüse ist gar
gären, der Most gärt,
er gor oder: er gärte,
er ist gegoren
oder: er ist gegärt
das **Garn,** die Garne
der **Garten,** die Gärten
der Gärtner, die Gärtnerin
die Gärtnerei
das **Gas,** die Gase
die Gasexplosion
das Gaspedal
die **Gasse,** die Gassen
Gassi gehen
der **Gast,** die Gäste
die Gaststätte
der Gastwirt, die Gastwirtin
das **Gatter,** die Gatter
der **Gaukler,** die Gaukler
gaukeln
die **Gauklerin,**
die Gauklerinnen
der **Gaumen,** die Gaumen
der **Gauner,** die Gauner
die Gaunerei
die **Gaunerin,** die Gaunerinnen

Ge

das **Gebäck**
die **Gebärde,** die Gebärden
die Gebärdensprache
das **Gebäude,** die Gebäude
geben, du gibst, er gab,
sie hat gegeben
Gib mir das Buch!
das **Gebet,** die Gebete
das **Gebiet,** die Gebiete
das **Gebirge,** die Gebirge
das **Gebiss,** die Gebisse
das **Gebläse,** die Gebläse
geblümt
geboren
geborgen
die Geborgenheit
das **Gebot,** die Gebote
gebrauchen, du gebrauchst
der Gebrauch
gebräuchlich
die Gebrauchsanweisung
der Gebrauchtwagen
das **Gebrüll**
die **Gebühr,** die Gebühren
gebührenpflichtig
die **Geburt,** die Geburten
der **Geburtstag,**
die Geburtstage
das Geburtstagsgeschenk
das **Gebüsch**
das **Gedächtnis**
der **Gedanke,** die Gedanken
gedankenlos
der Gedankenstrich
das **Gedeck,** die Gedecke
die **Gedenkminute,**
die Gedenkminuten
das **Gedicht,** die Gedichte
das **Gedränge**
gedruckt

die **Geduld**
geduldig
das Geduldspiel
oder: Geduldsspiel
geeignet
die **Gefahr,** die Gefahren
gefährden
gefährlich
das **Gefälle,** die Gefälle
gefallen, das Buch
gefällt mir, es gefiel mir,
es hat mir gefallen
sich etwas gefallen lassen
der **Gefallen,** die Gefallen
einen Gefallen tun
gefälligst
gefangen
gefangen nehmen
der Gefangene,
die Gefangene
die Gefangenschaft
das Gefängnis
das **Gefäß,** die Gefäße
das **Gefieder,** die Gefieder
gefiedert
gefleckt
das **Geflügel**
das **Geflüster**
gefräßig
gefrieren → frieren
das Gefrierfach
die Gefriertruhe
das **Gefühl,** die Gefühle
gefühllos
gefüllt
gegen
die **Gegend,** die Gegenden
gegeneinander
gegeneinander kämpfen
der **Gegensatz,**
die Gegensätze
gegensätzlich
gegenseitig
der **Gegenstand,**
die Gegenstände
das **Gegenteil,** die Gegenteile
im Gegenteil
gegenüber
der **Gegenverkehr**
die **Gegenwart**
der **Gegenwind**
der **Gegner,** die Gegner
die **Gegnerin,** die Gegnerinnen
das **Gehalt,** die Gehälter
gehässig
das **Gehäuse,** die Gehäuse
das **Gehege,** die Gehege

geistesgegenwärtig

geheim
geheim halten
das Geheimnis
geheimnisvoll
der Geheimtipp
gehen, du gehst, er ging,
sie ist gegangen
sich gehen lassen
schlafen gehen
der Gehsteig
das **Gehirn,** die Gehirne
die Gehirnerschütterung
das **Gehör**
gehörlos
gehorchen, du gehorchst
gehören, das gehört mir
gehorsam
der Gehorsam
der **Geier,** die Geier
die **Geige,** die Geigen
geil
die **Geisel,** die Geiseln
die Geiselnahme
der **Geist** (Verstand)
der Geistesblitz
geistesgegenwärtig
der **Geist** (Gespenst),
die Geister
die Geisterbahn
der **Geiz**
der Geizhals
geizig

das **Gejammer**
das **Gekicher**
gekränkt
das **Gekritzel**
das **Gel,** die Gele oder: Gels
das **Gelächter**
gelähmt
das **Gelände,** die Gelände
der Geländewagen
das **Geländer,** die Geländer
gelangweilt
gelassen
die Gelassenheit
gelb
die Farbe Gelb
gelblich
das **Geld**
Geld wechseln
der Geldautomat
der Geldbeutel
geldgierig
das **Gelee** oder: der Gelee,
die Gelees
die **Gelegenheit,**
die Gelegenheiten
gelegentlich
gelehrt
der Gelehrte, die Gelehrte
das **Gelenk,** die Gelenke
gelenkig
gelingen, das Werk gelingt,
es gelang, es ist gelungen
gelten, die Regel gilt,
sie galt, sie hat gegolten
das **Gemälde,** die Gemälde
die Gemäldegalerie
das **Gemäuer,** die Gemäuer

gemein
die Gemeinheit
die **Gemeinde,** die Gemeinden
der Gemeinderat,
die Gemeinderätin
gemeinsam
die Gemeinsamkeit
die **Gemeinschaft,**
die Gemeinschaften
gemeinschaftlich
das **Gemüse,** die Gemüse
das Gemüsebeet
gemustert
das **Gemüt,** die Gemüter
gemütlich
die Gemütlichkeit
das **Gen,** die Gene
die Gentechnik
genau
genau genommen
nichts Genaues
die Genauigkeit
genauso
genauso viel
genehmigen,
du genehmigst
die Genehmigung
die **Generation,**
die Generationen
genial
das **Genick,** die Genicke
sich **genieren,** !
du genierst dich
genießen, du genießt,
er genoss, sie hat genossen
der Genießer,
die Genießerin

der **Genitiv**
genug
genügen, es genügt
genügend
der **Genuss,** die Genüsse
genüsslich
die **Geografie**
geografisch
die **Geographie**
geographisch
die **Geometrie**
geometrisch
das Geodreieck
das **Gepäck**
der Gepäckträger
der **Gepard,** die Geparde
gepflegt
das **Geplapper**
das **Geplätscher**
gerade
gerade biegen
gerade sitzen
geradeaus
geradewegs
das **Gerät,** die Geräte
der Geräteschuppen
das Geräteturnen
geraten, du gerätst,
er geriet, sie ist geraten
aufs Geratewohl
das **Geräusch,** die Geräusche
geräuschempfindlich
geräuschlos
gerecht
die Gerechtigkeit
das **Gerede**
gereizt

sich genieren

das **Gericht,** die Gerichte
der Gerichtssaal
gering
gerinnen, die Milch gerinnt, sie gerann, sie ist geronnen
das **Gerippe,** die Gerippe
der **Germane,** die Germanen
die **Germanin,** die Germaninnen
gern oder: gerne
gern haben
das **Geröll**
die **Gerste**
die **Gerte,** die Gerten
der **Geruch,** die Gerüche
geruchlos
das **Gerücht,** die Gerüchte
die Gerüchteküche
gerührt
das **Gerümpel**
das **Gerüst,** die Gerüste

gesalzen
gesamt
das Gesamtergebnis
die Gesamtschule
der **Gesang,** die Gesänge
das Gesangbuch
das **Gesäß,** die Gesäße
das **Geschäft,** die Geschäfte
geschäftlich
geschäftstüchtig
geschehen, es geschieht, es geschah, es ist geschehen
das Geschehen
gescheit
das **Geschenk,** die Geschenke
die **Geschichte,** die Geschichten
geschickt
die Geschicklichkeit
geschieden
das **Geschirr**
die Geschirrspülmaschine
das **Geschlecht,** die Geschlechter
das Geschlechtsorgan
geschlossen
der **Geschmack,** die Geschmäcker
geschmacklos
die Geschmackssache
geschmackvoll
das **Geschmatze**
geschmeidig
das **Geschnatter**
geschniegelt
das **Geschöpf,** die Geschöpfe

das **Geschrei**
das **Geschwätz**
geschwätzig
die **Geschwindigkeit,**
die Geschwindigkeiten
die **Geschwister**
geschwollen
das **Geschwür,** die Geschwüre
der **Geselle,** die Gesellen
die **Gesellin,** die Gesellinnen
die **Gesellschaft,**
die Gesellschaften
gesellschaftlich
das Gesellschaftsspiel
das **Gesetz,** die Gesetze
gesetzlich
das **Gesicht,** die Gesichter
der Gesichtsausdruck
gespannt
das **Gespenst,** die Gespenster
gespenstisch
gesperrt
das **Gespött**
das **Gespräch,** die Gespräche
gesprächig
gesprenkelt
das **Gespür**
gestalten, du gestaltest
die Gestalt
die Gestaltung
das **Gestammel**
das **Geständnis,**
die Geständnisse
der **Gestank**
die **Geste,** die Gesten
gestehen, du gestehst,
er gestand, sie hat
gestanden
das **Gestein,** die Gesteine
das **Gestell,** die Gestelle
gestern
gestern Abend
gestern früh
gestreift
das **Gestrüpp**
das **Gestüt,** die Gestüte
gesund, gesünder,
am gesündesten
die Gesundheit
gesundheitsschädlich
das **Getränk,** die Getränke
der Getränkeautomat

der Gestank

das **Getreide**
die Getreidearten
die Getreideernte
die Getreidemühle
getrennt
getrennt leben
getrennt schreiben
das **Getriebe,** die Getriebe
das **Getuschel**
das **Gewächs,** die Gewächse
das Gewächshaus
die **Gewalt,** die Gewalten
gewaltlos
gewalttätig
gewaltig
gewandt
das **Gewässer,** die Gewässer
der Gewässerschutz
das **Gewehr,** die Gewehre
das **Geweih,** die Geweihe
die **Gewerkschaft,**
die Gewerkschaften
das **Gewicht,** die Gewichte
das **Gewimmel**
das **Gewinde,** die Gewinde
gewinnen, du gewinnst,
er gewann, sie hat
gewonnen
der Gewinn
der Gewinner,
die Gewinnerin
gewiss
die Gewissheit
das **Gewissen**
gewissenhaft
gewissenlos
der Gewissensbiss

das **Gewitter,** die Gewitter
es gewittert
gewittrig
sich **gewöhnen,**
du gewöhnst dich
die Gewohnheit
gewöhnlich
gewohnt
das **Gewölbe,** die Gewölbe
gewölbt
das **Gewürz,** die Gewürze
gewürzt
das **Gewusel**
gezackt
die **Gezeiten**
das **Gezwitscher**

Gi

der **Giebel,** die Giebel
gierig
die Gier
gießen, du gießt, er goss,
sie hat gegossen
die Gießerei
die Gießkanne
das **Gift,** die Gifte
giftig
der Giftmüll
der Giftzwerg
gigantisch
der **Gipfel,** die Gipfel
der **Gips**
das Gipsbein
gipsen
die **Giraffe,** die Giraffen
das **Girl,** die Girls
das Girlie

die **Girlande,** die Girlanden
das **Girokonto,**
die Girokonten
die **Gischt** oder: der Gischt
die **Gitarre,** die Gitarren
das **Gitter,** die Gitter

Gl

der **Gladiator,** die Gladiatoren
der **Glanz**
glänzen
glänzend
das **Glas,** die Gläser
der Glasbläser,
die Glasbläserin
gläsern
die **Glasur,** die Glasuren
glasieren
glatt, glatter oder: glätter,
am glattesten
oder: am glättesten
die Glätte
das Glatteis
die **Glatze,** die Glatzen
glatzköpfig
glauben, du glaubst
der Glaube oder: Glauben
gläubig
gleich
gleich groß
ich komme gleich
gleichberechtigt
gleichgültig
das Gleichheitszeichen
gleichmäßig
gleichzeitig
das **Gleichgewicht**
das **Gleis,** die Gleise
gleiten, du gleitest, er glitt,
sie ist geglitten
der **Gletscher,** die Gletscher
glibberig
das **Glied,** die Glieder
die Gliedmaßen
gliedern, du gliederst
die Gliederung
glimpflich
glitschig
glitzern, der Stern glitzert
der **Globus,** die Globusse
oder: die Globen
die **Glocke,** die Glocken
die Glockenblume
das Glockenspiel
glotzen, du glotzt
das **Glück**
glücken
glücklich
glücklicherweise
der Glückspilz
der Glückwunsch
gluckern, das Wasser
gluckert
glühen, die Herdplatte glüht
die Glühbirne
glühend
das Glühwürmchen
die **Glut,** die Gluten
die Gluthitze

Gn

die **Gnade,** die Gnaden
gnadenlos
gnädig

Go

das **Gold**
der Goldbarren
golden
der Goldfisch
goldig
die Goldmedaille
das **Golf**
Golf spielen
der Golfschläger
die **Gondel,** die Gondeln
der **Gong,** die Gongs
gönnen, du gönnst
der **Gorilla,** die Gorillas
der **Gott,** die Götter
Gott sei Dank!
der Gottesdienst
göttlich
die **Göttin,** die Göttinnen

Gr

graben, du gräbst, er grub
sie hat gegraben
das Grab
der Graben
der **Grad,** die Grade
der **Graf,** die Grafen
die **Gräfin,** die Gräfinnen
das **Graffito**
oder: der Graffito,
die Graffiti
das **Gramm** (g)
die **Grammatik,**
die Grammatiken
grantig
die **Grapefruit,** !
die Grapefruits
das **Gras,** die Gräser
grasen
der Grashalm
grässlich
die **Gräte,** die Gräten
gratis
die **Grätsche,** die Grätschen
grätschen
gratulieren, du gratulierst
die Gratulation
grau
das Graubrot
grauhaarig
gräulich
das **Grauen**
der Gräuel
grauenhaft
die **Graupel,** die Graupeln
der Graupelschauer

die Gorillas (Leibwächter)

grausam
die Grausamkeit
grausig
greifen, du greifst, er griff, sie hat gegriffen
der Greifvogel
der **Greis,** die Greise
die **Greisin,** die Greisinnen
grell
die **Grenze,** die Grenzen
grenzenlos
Griechenland
die Griechen
griechisch
griesgrämig
der **Grieß**
der Grießbrei
der Grießkloß
der **Griff,** die Griffe
griffig
der **Grill,** die Grills
grillen
die **Grille,** die Grillen
die **Grimasse,** die Grimassen
grimmig
grinsen, du grinst
die **Grippe**
der Grippevirus oder: das Grippevirus
grob, gröber, am gröbsten
die Grobheit
der Grobian
grölen, du grölst
das Grölen
grollen, du grollst
der Groll
der **Groschen,** die Groschen
groß, größer, am größten
großartig
die Größe
die Großeltern
großspurig
die Großstadt
großzügig
Großbritannien
britisch
die **Grotte,** die Grotten
der Grottenolm
die **Grube,** die Gruben
das Grübchen
grübeln, du grübelst
die **Gruft,** die Gruften
grün
das Grün
grünlich
der **Grund,** die Gründe
auf Grund oder: aufgrund
der Grundriss
grundsätzlich
die Grundschule
das Grundstück
gründen, du gründest
die Gründung
gründlich
grunzen, das Ferkel grunzt
die **Gruppe,** die Gruppen
die Gruppenarbeit
gruppenweise
sich **gruseln,** ich grusele mich oder: ich grusle mich
gruselig oder: gruslig
die Gruselgeschichte
der **Gruß,** die Grüße
grüßen

Gu

gucken, du guckst
das Guckloch
das **Gulasch** oder: der Gulasch
der **Gully** oder: das Gully, die Gullys
gültig
die Gültigkeit
der **Gummi** oder: das Gummi, die Gummis
das Gummiband
das Gummibärchen
günstig
der **Guppy,** die Guppys
gurgeln, du gurgelst
die Gurgel
die **Gurke,** die Gurken
gurren, die Taube gurrt
der **Gurt,** die Gurte
der **Gürtel,** die Gürtel
der **Guss,** die Güsse
gut, besser, am besten
gut gehen
gut gemeint
alles Gute
gute Nacht
der Gutschein
das **Gut,** die Güter
der Güterwagen
die **Güte**
gütig

Gy

das **Gymnasium,** die Gymnasien
die **Gymnastik**
das **Gyros**

H

Ha

das **Haar,** die Haare
um Haaresbreite
haarscharf
das Haarspray
haarsträubend
das Härchen
haben, du hast, er hatte, sie hat gehabt, ich hätte
habgierig
der **Habicht,** die Habichte
hacken, du hackst
die Hacke
der **Hafen,** die Häfen
der **Hafer**
die Haferflocke
der **Haflinger,** die Haflinger
die **Haft**
der Haftbefehl
der Häftling
die **Hagebutte,** die Hagebutten
der Hagebuttentee
der **Hagel**
hageln
hager
der **Hahn,** die Hähne
das Hähnchen
der **Hahnenfuß**
der **Hai,** die Haie
häkeln, du häkelst
die Häkelnadel
der **Haken,** die Haken
die Hakennase

die Häufchen

halb
halb zwei
die halbe Stunde
halbieren
die Halbinsel
der Halbmond
halbtags
die Halbzeit
die **Hälfte,** die Hälften
das **Halfter,** die Halfter
die **Halle,** die Hallen
das Hallenbad
die **Hallig,** die Halligen
Hallo!
der **Halm,** die Halme
der **Hals,** die Hälse
das Halsweh
halten, du hältst, er hielt,
sie hat gehalten
Halt!
haltbar
die Haltestelle
das Halteverbot
die **Haltung,** die Haltungen
Hamburg
der **Hamburger,** die Hamburger
der **Hammel,** die Hammel
der **Hammer,** die Hämmer
hämmern
hampeln, du hampelst
der Hampelmann

der **Hamster,** die Hamster
hamstern
die **Hand,** die Hände
eine Hand voll
die Handarbeit
handbreit
handlich
der Handstand
der **Handball,** die Handbälle
Handball spielen
handeln, du handelst
der Handel
der Händler, die Händlerin
die Handlung
das **Handtuch,** die Handtücher
das **Handwerk,** die Handwerke
der Handwerker,
die Handwerkerin
das **Handy,** die Handys
der **Hang,** die Hänge
hängen, das Bild hängt,
es hing, es hat gehangen
die Hängematte
Hannover
hänseln, du hänselst
happy
das Happyend
oder: Happy End
die **Hardware**
die **Harfe,** die Harfen
die **Harke,** die Harken

harmlos
die **Harmonie,** die Harmonien
harmonisch
der **Harn**
die Harnblase
die **Harpune,** die Harpunen
hart, härter, am härtesten
hart gekocht
die Härte
hartnäckig
das **Harz,** die Harze
der **Hase,** die Hasen
die **Haselmaus,**
die Haselmäuse
die **Haselnuss,** die Haselnüsse
hassen, du hasst
der Hass
hässlich
du **hast** → haben
hastig
sie **hat** → haben
er **hatte** → haben
ich **hätte** → haben
der **Hauch**
hauchdünn
hauchen
hauen, du haust
der **Haufen,** die Haufen
das Häufchen
häufig
das **Haupt,** die Häupter
der Hauptbahnhof
die Hauptsache
hauptsächlich
die Hauptschule
die Hauptstadt
das Hauptwort

der **Häuptling,** die Häuptlinge
das **Haus,** die Häuser
nach Hause
zu Hause
die Hausaufgabe
hausen
der Haushalt
haushoch
der Hausschlüssel
der Hausschuh
die **Haut,** die Häute
der Hautausschlag
sich häuten
hauteng
die Hautfarbe

He

die **Hebamme,** die Hebammen
der **Hebel,** die Hebel
heben, du hebst, er hob,
sie hat gehoben
der **Hecht,** die Hechte
hechten
der Hechtsprung
das **Heck,** die Hecks
oder: Hecke
die Heckscheibe
die **Hecke,** die Hecken
das **Heer,** die Heere
die **Hefe**
der Hefezopf

das **Heft,** die Hefte
heften
der Hefter
heftig
die **Heide**
das Heidekraut
die **Heidelbeere,**
die Heidelbeeren
heikel
heil
heilbar
heilen
heilfroh
die Heilung
heilig
der Heilige Abend
das **Heim,** die Heime
heimfahren
der Heimweg
das Heimweh
die **Heimat**
heimatlos
das Heimatmuseum
heimlich
die Heimlichkeit
heiraten, du heiratest
die Heirat
heiser
die Heiserkeit
heiß
Heißhunger haben

heißen, du heißt, er hieß,
sie hat geheißen
heiter
die Heiterkeit
heizen, du heizt
der Heizkörper
die Heizung
hektisch
die Hektik
der **Held,** die Helden
die Heldentat
die **Heldin,** die Heldinnen
helfen, du hilfst, er half,
sie hat geholfen
der Helfer, die Helferin
hell
hellgrün
die Helligkeit
der Hellseher,
die Hellseherin
hellwach
der **Helm,** die Helme
das **Hemd,** die Hemden
die **Hemmung,** die Hemmungen
hemmungslos
der **Hengst,** die Hengste
der **Henkel,** die Henkel
die **Henne,** die Hennen
her
hin und her
herab
heran
herauf

heraus
herbei
die **Herberge,** die Herbergen
der **Herbst**
herbstlich
die Herbstzeitlose
der **Herd,** die Herde
die Herdplatte
die **Herde,** die Herden
herein
der **Hering,** die Heringe
der **Herr,** die Herren
herrenlos
herrlich
die Herrlichkeit
herrschen, du herrschst
herrschaftlich
der Herrscher,
die Herrscherin
herstellen, du stellst her
die Herstellung
herüber
herum
herunter
hervor
hervorragend
das **Herz,** die Herzen
der Herzenswunsch
herzhaft
herzlich
herzzerreißend
Hessen
hetzen, du hetzt
die Hetze
die Hetzerei
das **Heu**
der Heuschnupfen
heucheln, du heuchelst
der Heuchler,
die Heuchlerin
heuchlerisch
heulen, du heulst
die **Heuschrecke,**
die Heuschrecken
heute
heute Abend
heute früh
heutzutage
die **Hexe,** die Hexen
die Hexerei

Hi

der **Hieb,** die Hiebe
hier
hier bleiben
hierher
hierher kommen
hiermit
die **Hieroglyphe,**
die Hieroglyphen
die **Hilfe,** die Hilfen
hilflos
hilfsbereit
die **Himbeere,** die Himbeeren

der **Himmel,** die Himmel
himmelhoch
die Himmelsrichtung
himmlisch
hin
hin und her
hinfallen
hinauf
hinaus
das **Hindernis,** die Hindernisse
hindern
der **Hinduismus**
hinein
hinken, du hinkst
hinten
hinter, hintere
die hintere Reihe
hintereinander
der Hintergrund
hinterher
hinterlistig
das Hinterrad
der **Hintern,** die Hintern 
hinüber
hinunter
der **Hinweis,** die Hinweise
das **Hirn,** die Hirne
der **Hirsch,** die Hirsche
das Hirschgeweih
die **Hirse**

der **Hirte** oder: Hirt, die Hirten
der **Hit,** die Hits
die Hitparade
die **Hitze**
hitzefrei haben
oder: Hitzefrei haben

Ho

das **Hobby,** die Hobbys
der **Hobel,** die Hobel
hobeln
hoch, höher, am höchsten
der hohe Turm
das Hoch
hochgehen
das Hochhaus
hochkant
hochnäsig
der Hochsprung
der Hochstapler,
die Hochstaplerin
das Hochwasser
höchstens
die **Hochzeit,** die Hochzeiten
das Hochzeitskleid
hocken, du hockst
die Hocke
der Hocker
das **Hockey**
Hockey spielen
der **Hoden,** die Hoden
der **Hof,** die Höfe

hoffen, du hoffst
hoffentlich
die Hoffnung
hoffnungslos
höflich
die Höflichkeit
die **Höhe,** die Höhen
der Höhepunkt
hohl
die **Höhle,** die Höhlen
der **Hohn**
höhnisch
der **Hokuspokus**
holen, du holst
Holland
holländisch
die **Hölle,** die Höllen
holperig oder: holprig
der **Holunder,** die Holunder
das **Holz,** die Hölzer
der Holzwurm
die **Homepage,** die Homepages
homosexuell
der **Honig**
honigsüß
der **Hopfen**
hoppeln, du hoppelst
Hoppla!
hopsen, du hopst
hören, du hörst
der Hörer, die Hörerin
das Hörgerät
der **Horizont,** die Horizonte
das **Horn,** die Hörner
die **Hornisse,** die Hornissen
der **Horror**
der Horrorfilm
der **Hort,** die Horte
die **Hose,** die Hosen
das **Hotel,** die Hotels
das Hotelzimmer

Hu

hübsch
der **Hubschrauber,**
die Hubschrauber
huckepack
huckepack tragen
der **Huf,** die Hufe
das Hufeisen
der Hufkratzer
die **Hüfte,** die Hüften
der **Hügel,** die Hügel
hügelig oder: hüglig
das **Huhn,** die Hühner
Hui!
die **Hülle,** die Hüllen
die **Hülse,** die Hülsen
die Hülsenfrucht
die **Hummel,** die Hummeln
der **Humor**
humorlos
humpeln, du humpelst
der **Humus**

das Hochwasser

a b c d e f g h i j k l m n o p q r s t u v w x y z

der **Hund,** die Hunde
hundemüde
die Hunderasse
hundsgemein
hundert
hundert Mark
hundertmal
der Hundertmarkschein
hunderttausend
der **Hunger**
Hunger haben
hungern
hungrig
die **Hupe,** die Hupen
hupen
hüpfen, du hüpfst
die **Hürde,** die Hürden
der Hürdenlauf
Hurra!
huschen, du huschst
husten, du hustest
der Husten
der Hustensaft
der **Hut,** die Hüte
hüten, du hütest
sich hüten
der Hütehund
die **Hütte,** die Hütten

Hy

die **Hyäne,** die Hyänen
die **Hyazinthe,** die Hyazinthen
der **Hydrant,** die Hydranten
hygienisch
die Hygiene
die **Hymne,** die Hymnen
hysterisch

I

Ic

der **IC,** die ICs
der Intercity
der **ICE,** die ICEs
der Intercityexpress
ich

Id

ideal
die **Idee,** die Ideen
idiotisch
idiotensicher

Ig

der **Igel,** die Igel
der **Iglu** oder: das Iglu, die Iglus

Ih

ihm
ich schenke ihm ein Buch
ihn
ich liebe ihn
ihnen
ich gebe ihnen Unterricht
ihr
ihr seid groß
ich reiche ihr die Tasse
ihre
das sind ihre Sachen
ihretwegen

Il

der **Iltis,** die Iltisse

Im

im (in dem)
im Garten
der **Imbiss,** die Imbisse
die Imbissbude
der **Imker,** die Imker
die **Imkerin,** die Imkerinnen
immer
immer wieder
immerzu
impfen, du wirst geimpft
der Impfpass
die Impfung
imponieren,
du imponierst mir

In

in
in diesem Zimmer
in sein
indem
der **Indianer,** die Indianer
der Indianerstamm
die **Indianerin,**
die Indianerinnen
Indien
indisch
die **Industrie,** die Industrien
ineinander
die **Infektion,** die Infektionen
der Infekt
der **Infinitiv,** die Infinitive
die **Information,**
die Informationen
der Informatiker,
die Informatikerin
informieren
der **Ingenieur,**
die Ingenieure
die **Ingenieurin,**
die Ingenieurinnen
der **Inhaber,** die Inhaber
die **Inhaberin,** die Inhaberinnen
inhalieren, du inhalierst
der **Inhalt,** die Inhalte
das Inhaltsverzeichnis
innen
die Innenstadt
innerhalb
ins (in das)
ins Haus gehen
das **Insekt,** die Insekten
die **Insel,** die Inseln
insgesamt
der **Installateur,**
die Installateure
die **Installateurin,**
die Installateurinnen
der **Instinkt,** die Instinkte
das **Instrument,** die Instrumente
intelligent
die Intelligenz
intensiv
die Intensivstation
interessant
das Interesse
sich interessieren
das **Internat,** die Internate
international
das **Internet**
das **Interview,** die Interviews
interviewen
die **Inuit**
inzwischen

Ir

der **Irak**
irakisch
der **Iran**
iranisch
irgendein, irgendeine, irgendeiner
irgendjemand
irgendwann
irgendwas
irgendwie
irgendwo
Irland
irisch
irre oder: irr
irren, du irrst
sich irren
der Irrgarten
der Irrtum

Is

der **Islam**
islamisch
Island
isländisch
das Islandpony
isolieren, du isolierst
das Isolierband
Israel
israelisch
er **ist** → sein

It

Italien
italienisch
das **i-Tüpfelchen,** die i-Tüpfelchen

J

Ja

ja
jawohl
die **Jacht,** die Jachten
die **Jacke,** die Jacken
jagen, du jagst
die Jagd
der Jagdhund
der Jäger, die Jägerin
das **Jahr,** die Jahre
jahrelang
die Jahreszeit
das Jahrhundert
jährlich
jähzornig
die **Jalousie,** die Jalousien
jammern, du jammerst
jämmerlich
der **Januar**
Japan
japanisch
jäten, du jätest Unkraut
die **Jauche**
die Jauchegrube
jauchzen, du jauchzt
der Jauchzer
jaulen, der Hund jault

Je

je
je drei
je mehr, desto besser
je nachdem

die **Jeans,** die Jeans
jede, jeder, jedes
jedenfalls
jederzeit
jedes Mal
jedoch
der **Jeep,** die Jeeps
jemals
jemand
jene, jener, jenes
jenseits
Jesus
jetzt
bis jetzt
jeweils

Jo

der **Job,** die Jobs
jobben
der **Jockey,** die Jockeys
das **Jod**
jodeln, du jodelst
joggen, du joggst
das Jogging
der Jogginganzug
der **Joghurt** oder: das Joghurt, die Joghurts
der **Jogurt** oder: das Jogurt, die Jogurts
die **Johannisbeere,** die Johannisbeeren
johlen, du johlst
der **Joker,** die Joker
jonglieren, du jonglierst
der Jongleur, die Jongleurin
der **Journalist,** die Journalisten
die **Journalistin,** die Journalistinnen
der **Joystick,** die Joysticks

Ju

jubeln, du jubelst
der Jubel
jubilieren
das **Jubiläum,** die Jubiläen
jucken, es juckt
der Juckreiz
das **Judentum**
der Jude, die Jüdin
jüdisch
das **Judo**
die **Jugend**
das Jugendamt
die Jugendgruppe
die Jugendherberge
jugendlich
der Jugendliche, die Jugendliche
der **Juli**
der **Jumbo,** die Jumbos
jung, jünger, am jüngsten
Jung und Alt
der Junggeselle
das **Junge** (Tierkind), die Jungen
der **Junge** (kein Mädchen), die Jungen
der **Juni**
der **Jupiter**
die **Jury,** die Jurys
das **Juwel,** die Juwelen
der Juwelier, die Juwelierin
der **Jux**

Ka

das **Kabel,** die Kabel
das Kabelfernsehen
der **Kabeljau,** die Kabeljaue oder: Kabeljaus
die **Kabine,** die Kabinen
das **Kabrio,** die Kabrios
die **Kachel,** die Kacheln
kacheln
der Kachelofen
der **Käfer,** die Käfer
der **Kaffee**
Kaffee trinken
die Kaffeebohne
der Kaffeeklatsch
der **Käfig,** die Käfige
kahl
kahl fressen
kahlköpfig
der Kahlschlag
der **Kahn,** die Kähne
der **Kai,** die Kais
der **Kaiser,** die Kaiser
die Kaiserkrone
der Kaiserschmarren
die **Kaiserin,** die Kaiserinnen
der **Kajak** oder: das Kajak, die Kajaks
die **Kajüte,** die Kajüten
der **Kakao**
der Kakaobaum
der **Kakerlak,** die Kakerlaken
der **Kaktus,** die Kakteen
das **Kalb,** die Kälber
das **Kaleidoskop,** die Kaleidoskope
der **Kalender,** die Kalender
der **Kalk**
der Kalkstein
kalkweiß
die **Kalorie,** die Kalorien
kalt, kälter, am kältesten
kaltblütig
die Kälte
das **Kamel,** die Kamele
die **Kamera,** die Kameras
der **Kamerad,** die Kameraden
kameradschaftlich
die **Kameradin,** die Kameradinnen
die **Kamille**
der Kamillentee
der **Kamin,** die Kamine
der Kaminkehrer
der **Kamm,** die Kämme
sich kämmen
die **Kammer,** die Kammern
der Kammerjäger
die Kammermusik
der **Kampf,** die Kämpfe
kämpfen
der Kämpfer, die Kämpferin
kämpferisch
der Kampffisch
Kanada
kanadisch
der **Kanal,** die Kanäle
die Kanalisation
der **Kanarienvogel,** die Kanarienvögel

der **Kandidat,** die Kandidaten
kandidieren
die **Kandidatin,**
die Kandidatinnen
das **Känguru,** die Kängurus
das **Kaninchen,** die Kaninchen
der **Kanister,** die Kanister
die **Kanne,** die Kannen
das Kännchen
der **Kanon,** die Kanons
die **Kanone,** die Kanonen
die Kanonenkugel
die **Kante,** die Kanten
kantig
die **Kantine,** die Kantinen
das **Kanu,** die Kanus
die **Kanzel,** die Kanzeln
der **Kanzler,** die Kanzler
die **Kanzlerin,**
die Kanzlerinnen
die **Kapelle,** die Kapellen
kapern, ein Schiff wird
gekapert
kapieren, du kapierst
der **Kapitän,** die Kapitäne
das **Kapitel,** die Kapitel
die Kapitelüberschrift
die **Kappe,** die Kappen
das Käppi
die **Kapsel,** die Kapseln
kaputt
kaputtgehen
kaputtmachen
die **Kapuze,** die Kapuzen
mit **Karacho**
die **Karambolage,**
die Karambolagen

das **Karate**
die **Karawane,** die Karawanen
der **Kardinal,** die Kardinäle
karg
kariert
die **Karies**
kariös
der **Karneval**
der Karnevalszug
das **Karo,** die Karos
die **Karosserie,**
die Karosserien
die **Karotte,** die Karotten
der **Karpfen,** die Karpfen
die **Karre** oder: der Karren,
die Karren
karren
die **Karte,** die Karten
das Kartenspiel
das Kartentelefon
die **Kartei,** die Karteien
der Karteikasten
die **Kartoffel,** die Kartoffeln
der Kartoffelbrei
die Kartoffelchips
der Kartoffelkäfer
der Kartoffelpuffer
der **Karton,** die Kartons
das **Karussell,** die Karussells
oder: Karusselle
der **Käse,** die Käse
käseweiß
die **Kaserne,** die Kasernen
der **Kasper,** die Kasper
das Kasperle
oder: der Kasperle
das Kasperletheater

die **Kasse,** die Kassen
kassieren
der Kassierer,
die Kassiererin
die **Kassette,** die Kassetten
der Kassettenrekorder
die **Kastanie,** die Kastanien
kastanienbraun
der **Kasten,** die Kästen
der **Katalog,** die Kataloge
der **Katalysator,**
die Katalysatoren
der Kat
die **Katastrophe,**
die Katastrophen
katastrophal
der **Kater,** die Kater
die **Kathedrale,**
die Kathedralen
katholisch
der Katholik, die Katholikin
die **Katze,** die Katzen
das Katzenauge
der Katzensprung
die Katzenwäsche
kauen, du kaust
der Kaugummi
oder: das Kaugummi
kauern, du kauerst
kaufen, du kaufst
der Käufer, die Käuferin
die Kaufleute
käuflich
der Kaufmann, die Kauffrau
die **Kaulquappe,**
die Kaulquappen
kaum

der **Kauz,** die Käuze
das Käuzchen

Ke

der **Kebab,** die Kebabs
der **Kegel,** die Kegel
die Kegelbahn
kegeln
die **Kehle,** die Kehlen
der Kehlkopf
kehren, du kehrst
die Kehrmaschine
keifen, du keifst
der **Keil,** die Keile
der **Keim,** die Keime
keimen
der Keimling

kein, keine, keiner
keinesfalls
keineswegs
der **Keks** oder: das Keks,
die Kekse oder: Keks
die Keksdose
der **Kelch,** die Kelche
die **Kelle,** die Kellen
der **Keller,** die Keller
die Kellertreppe
der **Kellner,** die Kellner
die **Kellnerin,** die Kellnerinnen
der **Kelte,** die Kelten
die **Keltin,** die Keltinnen
Kenia
kenianisch
kennen, du kennst,
er kannte, sie hat gekannt
kennen lernen
das Kennwort
das Kennzeichen
kentern, das Boot kentert
die **Keramik,** die Keramiken
die **Kerbe,** die Kerben
der **Kerl,** die Kerle
der **Kern,** die Kerne
kerngesund
kernlos
das Kernobst
das **Kernkraftwerk,**
die Kernkraftwerke
die Kernenergie
die **Kerze,** die Kerzen
kerzengerade
der Kerzenständer
der **Kessel,** die Kessel
das **Ketchup** oder: der Ketchup
das **Ketschup**
oder: der Ketschup
die **Kette,** die Ketten
keuchen, du keuchst
der Keuchhusten
die **Keule,** die Keulen
das **Keyboard,**
die Keyboards

Ki

kichern, du kicherst
kicken, du kickst
der **Kiefer** (Knochen),
die Kiefer
der Kieferorthopäde
die **Kiefer** (Baum), die Kiefern
das Kiefernholz
Kiel
der **Kiel,** die Kiele
die **Kieme,** die Kiemen
der **Kies**
der Kieselstein
die Kiesgrube
das **Kilo** (kg), die Kilos
das Kilogramm
der **Kilometer** (km),
die Kilometer
der Kilometerzähler
das **Kind,** die Kinder
der Kindergarten
der Kinderhort
kindisch
kindlich
die Kindertagesstätte
das **Kinn,** die Kinne
der Kinnhaken
das **Kino,** die Kinos

a b c d e f g h i j k l m n o p q r s t u v w x y z

der **Kiosk,** die Kioske
kippen, du kippst
der Kipper
die **Kirche,** die Kirchen
die Kirchenglocke
der Kirchturm
die **Kirmes**
die **Kirsche,** die Kirschen
der Kirschbaum
kirschrot
der Kirschsaft
das **Kissen,** die Kissen
die Kissenschlacht
die **Kiste,** die Kisten
der **Kitsch**
kitschig
der **Kitt**
kitten
der **Kittel,** die Kittel
kitzeln, du kitzelst
kitzelig oder: kitzlig
die **Kiwi,** die Kiwis

Kl

die **Kladde,** die Kladden
kläffen, der Hund kläfft
der Kläffer
klagen, du klagst
die Klage
der Kläger, die Klägerin
die **Klammer,** die Klammern
klammern
die **Klamotten**
der **Klang,** die Klänge
die **Klappe,** die Klappen
klappen, es klappt
klappern, die Tür klappert
klapperig oder: klapprig
die Klapperschlange
der **Klaps,** die Klapse
klar
die Kläranlage
klären
die Klarsichtfolie
die **Klarinette,** die Klarinetten
die **Klasse,** die Klassen
der Klassenkamerad,
die Klassenkameradin
Klasse!
klatschen, du klatschst
klatschnass
die **Klaue,** die Klauen
klauen, du klaust
das **Klavier,** die Klaviere

in der Klemme sitzen

kleben, du klebst
klebrig
der Klebstoff
der **Klecks,** die Kleckse
kleckern
klecksen
der **Klee**
das Kleeblatt
das **Kleid,** die Kleider
sich kleiden
die Kleidung
klein
ein klein wenig
Groß und Klein
etwas Kleines
die Kleinigkeit
kleinlich
der **Kleister**
klemmen, die Tür klemmt
die Klemme
in der Klemme sitzen
der **Klempner,** die Klempner
die **Klempnerin,**
die Klempnerinnen
die **Klette,** die Kletten
der Klettverschluss
klettern, du kletterst
der Kletterer, die Kletterin
klicken, die Kamera klickt
das **Klima**
die Klimaanlage
klimpern, du klimperst
die **Klinge,** die Klingen
klingeln, du klingelst
die Klingel
klingen, die Glocke klingt, sie klang, sie hat geklungen

die **Klinik,** die Kliniken
die **Klinke,** die Klinken
die **Klippe,** die Klippen
klipp und klar
klirren, das Glas klirrt
klitzeklein
das **Klo,** die Klos
das Klosett
klopfen, du klopfst
der **Klops,** die Klöpse
der **Kloß,** die Klöße
das **Kloster,** die Klöster
der **Klotz,** die Klötze
klotzig
der **Klub,** die Klubs
klug, klüger, am klügsten
die Klugheit
der **Klumpen,** die Klumpen

Kn

knabbern, du knabberst
der **Knabe,** die Knaben
das **Knäckebrot,**
die Knäckebrote
knacken, der Ast knackt
knackig
der Knacks
die Knackwurst
knallen, die Tür knallt
der Knall
knallhart
knallrot
knapp
die Knappheit
knarren, der Boden knarrt
knattern, der Auspuff knattert

der **Knäuel** oder: das Knäuel, die Knäuel
knausern, du knauserst
knauserig oder: knausrig
der **Knebel,** die Knebel
knebeln
der **Knecht,** die Knechte
kneifen, du kneifst, er kniff, sie hat gekniffen
die Kneifzange
die **Kneipe,** die Kneipen
kneten, du knetest
die Knetmasse
knicken, du knickst
der Knick
der **Knicks,** die Knickse
knicksen
das **Knie,** die Knie
die Kniebeuge
die Kniekehle
knien
der **Kniff,** die Kniffe
kniffelig oder: knifflig
knipsen, du knipst
der Knipser
der **Knirps,** die Knirpse
knirschen, du knirschst
knistern, das Feuer knistert
knittern, der Stoff knittert
knobeln, du knobelst
der **Knoblauch**
die Knoblauchzehe
der **Knöchel,** die Knöchel
der **Knochen,** die Knochen
das Knochenmark
knochig
der **Knödel,** die Knödel
die **Knolle,** die Knollen
der **Knopf,** die Knöpfe
der Knopfdruck
knöpfen
der **Knorpel,** die Knorpel
knorpelig oder: knorplig
knorrig
die **Knospe,** die Knospen
der **Knoten,** die Knoten
knoten
der **Knüller,** die Knüller
knüpfen, du knüpfst
der **Knüppel,** die Knüppel
knüppeldick
knurren, der Hund knurrt
knuspern, du knusperst
das Knusperhäuschen
knusperig oder: knusprig
knutschen, du knutschst

Ko

der **Koala,** die Koalas
der **Kobold,** die Kobolde
die **Kobra,** die Kobras
kochen, du kochst
der Koch, die Köchin
kochend heiß
der **Kode,** die Kodes
der **Köder,** die Köder
ködern
der **Koffer,** die Koffer
der Kofferraum
der **Kohl**
der Kohlrabi
die Kohlroulade
die **Kohle,** die Kohlen
kohlrabenschwarz

die **Kohlensäure**
die **Koje,** die Kojen
die **Kokosnuss,**
die Kokosnüsse
der **Kolben,** die Kolben
der **Kollege,** die Kollegen
die **Kollegin,** die Kolleginnen
die **Kolonne,** die Kolonnen
das **Koma**
im Koma liegen
kombinieren,
du kombinierst
der Kombi
die Kombination
der **Komet,** die Kometen
der **Komfort**
komfortabel
komisch
der Komiker, die Komikerin
komischerweise
das **Komma,** die Kommas
oder: Kommata
kommandieren,
du kommandierst
das Kommando
kommen, du kommst,
er kam, sie ist gekommen
der **Kommentar,**
die Kommentare
der **Kommissar,**
die Kommissare
die **Kommissarin,**
die Kommissarinnen
die **Kommode,** die Kommoden
die **Kommunion,**
die Kommunionen
das Kommunionkind

knutschen

kompakt
der **Kompass,** die Kompasse
komplett
das **Kompliment,**
die Komplimente
der **Komplize,** die Komplizen
kompliziert
die **Komplizin,**
die Komplizinnen
der **Komponist,**
die Komponisten
die **Komponistin,**
die Komponistinnen
der **Kompost**
das **Kompott,** die Kompotte
die **Kompresse,**
die Kompressen
der **Kompromiss,**
die Kompromisse
die **Kondition**
die **Konditorei,**
die Konditoreien
der Konditor, die Konditorin
das **Kondom,** die Kondome
die **Konferenz,**
die Konferenzen
das **Konfetti**

die **Konfirmation,**
die Konfirmationen
der Konfirmand,
die Konfirmandin
die **Konfitüre,** die Konfitüren
der **Konflikt,** die Konflikte
der **König,** die Könige
königlich
die **Königin,** die Königinnen
können, du kannst,
er konnte, sie hat gekonnt
der Könner, die Könnerin
der **Konrektor,** die Konrektoren
die **Konrektorin,**
die Konrektorinnen
die **Konserve,** die Konserven
die Konservendose
konserviert
das Konservierungsmittel
der **Konsonant,**
die Konsonanten
konstruieren,
du konstruierst
die Konstruktion

kopfüber

der **Kontakt,** die Kontakte
die Kontaktlinse
der **Kontinent,** die Kontinente
das **Konto,** die Kontos
oder: Konten
kontra
der **Kontrabass,**
die Kontrabässe
der **Kontrast,** die Kontraste
die **Kontrolle,** die Kontrollen
der Kontrolleur,
die Kontrolleurin
kontrollieren
sich **konzentrieren,**
du konzentrierst dich
die Konzentration
das **Konzert,** die Konzerte
der **Kopf,** die Köpfe
Kopf stehen
von Kopf bis Fuß
köpfen
der Kopfhörer
das Kopfrechnen
der Kopfsprung
kopfüber
kopieren, du kopierst
die Kopie
die **Koppel,** die Koppeln
die **Koralle,** die Korallen
das Korallenriff
der **Koran**
der **Korb,** die Körbe
der Korbball
die **Kordel,** die Kordeln
der **Kork**
der Korken
der Korkenzieher

das **Korn,** die Körner
die Kornblume
körnig
der **Körper,** die Körper
körperbehindert
der Körperteil
korrekt
die Korrektur
korrigieren, du korrigierst
der **Kosename,** die Kosenamen
die **Kosmetik**
der **Kosmos**
der Kosmonaut,
die Kosmonautin
kosten (probieren),
du kostest das Eis
köstlich
die Kostprobe
kosten (Geld kosten),
es kostet
die Kosten
kostenlos
das **Kostüm,** die Kostüme
kostümieren
der **Kot**
der Kotflügel
das **Kotelett,** die Koteletts
kotzen, du kotzt 

Kr

die **Krabbe,** die Krabben
der Krabbenfischer
krabbeln, das Baby
krabbelt
die Krabbelstube
der **Krach,** die Kräche
Krach machen
krächzen, du krächzt
die **Kraft,** die Kräfte
kräftig
die Kraftprobe
das Kraftwerk
das **Kraftfahrzeug** (Kfz),
die Kraftfahrzeuge
der Kraftfahrzeug-
mechaniker,
die Kraftfahrzeug-
mechanikerin
der **Kragen,** die Kragen
die **Krähe,** die Krähen
krähen, der Hahn kräht
die **Krake,** die Kraken
krakelig oder: kraklig
die **Kralle,** die Krallen
der **Kram**
kramen
der **Krampf,** die Krämpfe
krampfhaft
der **Kran,** die Kräne
der Kranführer,
die Kranführerin
der **Kranich,** die Kraniche
krank, kränker,
am kränksten
der Kranke, die Kranke
das Krankenhaus
der Krankenpfleger,
die Krankenschwester
der Krankenwagen
die Krankheit
kränken, du kränkst
der **Kranz,** die Kränze
krass
der **Krater,** die Krater

kratzen, du kratzt
sich kratzen
der Kratzer
kratzig
kraulen, du kraulst
kraus
kräuseln
das **Kraut,** die Kräuter
der Kräutertee
der **Krawall**
die **Krawatte,** die Krawatten
der **Krebs** (Schalentier), die Krebse
krebsrot
der **Krebs** (Krankheit)
krebskrank
der **Kredit,** die Kredite
die Kreditkarte
die **Kreide,** die Kreiden
kreidebleich
der **Kreis,** die Kreise
der Kreisel
kreisen
der Kreislauf
die Kreissäge
der Kreisverkehr
kreischen, du kreischst
die **Krem,** die Krems
kremig
das **Krepppapier** oder: Krepp-Papier
die **Kresse**
das **Kreuz,** die Kreuze
kreuz und quer
kreuzen
die Kreuzung
die **Kreuzotter,** die Kreuzottern

kribbeln, die Haut kribbelt
kriechen, du kriechst, er kroch, sie ist gekrochen
das Kriechtier
der **Krieg,** die Kriege
kriegerisch
kriegen, du kriegst
der **Krimi,** die Krimis
die Kriminalpolizei
kriminell
der **Krimskrams**
der **Kringel,** die Kringel
die **Krippe,** die Krippen
das Krippenspiel
die **Krise,** die Krisen
der **Kristall,** die Kristalle
die **Kritik,** die Kritiken
kritisch
kritisieren
kritzeln, du kritzelst
Kroatien
kroatisch
die **Krokette,** die Kroketten
das **Krokodil,** die Krokodile
der **Krokus,** die Krokusse
die **Krone,** die Kronen
krönen
kross
die **Kröte,** die Kröten
die **Krücke,** die Krücken
der **Krug,** die Krüge
der **Krümel,** die Krümel
krümeln
krumm
der **Krupphusten**
die **Kruste,** die Krusten
das Krustentier

Ku

der **Kübel,** die Kübel
die **Küche,** die Küchen
der **Kuchen,** die Kuchen
das Kuchenblech
der Kuchenteig
der **Kuckuck,** die Kuckucke
die Kuckucksuhr
die **Kufe,** die Kufen
die **Kugel,** die Kugeln
das Kugellager
kugelrund
der Kugelschreiber
die **Kuh,** die Kühe
der Kuhfladen
kühl
kühlen
der Kühler
der Kühlschrank
die Kühltruhe
die **Kuhle,** die Kuhlen
kühn
die Kühnheit
das **Küken,** die Küken
der **Kuli,** die Kulis
die **Kulisse,** die Kulissen
kullern, der Ball kullert
die **Kultur,** die Kulturen
kulturell
der **Kümmel**
der **Kummer**
kümmerlich
sich **kümmern,**
du kümmerst dich
der **Kumpel,** die Kumpel
der **Kunde,** die Kunden
die Kundschaft
kündigen, du kündigst
die Kündigung
die **Kundin,** die Kundinnen
künftig
die **Kunst,** die Künste
der Künstler, die Künstlerin
das Kunststück
das Kunstwerk
künstlich
der Kunststoff
kunterbunt
das **Kupfer**
die **Kuppel,** die Kuppeln
die **Kupplung,** die Kupplungen
kuppeln
die **Kur,** die Kuren
der Kurgast
kurieren
die **Kür,** die Küren
die **Kurbel,** die Kurbeln
kurbeln
der **Kürbis,** die Kürbisse
der Kürbiskern
der **Kurier,** die Kuriere
der **Kurs,** die Kurse

der Kummer

die **Kurve,** die Kurven
kurvenreich
kurvig
kurz, kürzer, am kürzesten
kurzärmelig
oder: kurzärmlig
kurzfristig
kürzlich
kurzsichtig
kuscheln, du kuschelst
das Kuscheltier
kuschelig oder: kuschlig
die **Kusine,** die Kusinen
das **Kuskus** oder: der Kuskus
der **Kuss,** die Küsse
küssen
die **Küste,** die Küsten
die **Kutsche,** die Kutschen
kutschieren
die **Kutte,** die Kutten
der **Kutter,** die Kutter
das **Kuvert,** die Kuverts

L

La

labern, du laberst 
das **Labor,** die Labors
oder: Labore
das **Labyrinth,** die Labyrinthe
lachen, du lachst
lächeln
das Lächeln
das Lachen
lächerlich
der **Lachs,** die Lachse
der **Lack,** die Lacke
lackieren
die Lackierung
laden, du lädst, er lud,
sie hat geladen
die Ladung
der **Laden,** die Läden
der Ladenhüter
die **Lage,** die Lagen
in der Lage sein
das **Lager,** die Lager
das Lagerfeuer
lagern
die Lagerung
lahm
lahm legen
lahmen
lähmen
die Lähmung
der **Laib,** die Laibe
ein Laib Brot
laichen, der Frosch laicht
der Laich
der **Laie,** die Laien
das **Laken,** die Laken
der **Lakritz** oder: das Lakritz,
die Lakritze
lallen, du lallst
das **Lama,** die Lamas
das **Lametta**
das **Lamm,** die Lämmer
das Lämmchen
lammfromm
die **Lampe,** die Lampen
das Lampenfieber
der **Lampion,** die Lampions

das **Land,** die Länder
die Landkarte
ländlich
die Landschaft
die Landstraße
landen, du landest
die Landebahn
die Landung
die **Landwirtschaft**
der Landwirt, die Landwirtin
lang, länger, am längsten
langärmelig
oder: langärmlig
die Länge
der Langlauf
länglich
längst
langsam
die Langsamkeit
langweilig
der **Lappen,** die Lappen
läppisch
der **Laptop,** die Laptops
die **Lärche,** die Lärchen
der **Lärm**
die Lärmbelästigung
lärmen
die **Larve,** die Larven
lasch
die **Lasche,** die Laschen
der **Laser,** die Laser
der Laserstrahl
lassen, du lässt, er ließ,
sie hat gelassen
Lass los!
lässig
das **Lasso,** die Lassos
die **Last,** die Lasten
der Lastkraftwagen (Lkw)
der Lastwagen
lästern, du lästerst
lästig
Latein
lateinisch
die **Laterne,** die Laternen
der Laternenpfahl
latschen, du latschst
die Latschen
die **Latte,** die Latten
der Lattenrost
der **Latz,** die Lätze
das Lätzchen
die Latzhose
lau
lauwarm
das **Laub**
der Laubbaum
der Laubwald
der **Lauch**
lauern, du lauerst
auf der Lauer sein
laufen, du läufst, er lief,
sie ist gelaufen
der Lauf
der Läufer, die Läuferin
die Laufkarte
das Laufwerk
der Laufzettel
die **Lauge,** die Laugen
das Laugenbrötchen
die **Laune,** die Launen
launisch
die **Laus,** die Läuse
lauschen, du lauschst

laut
der Laut
lauthals
lautlos
der Lautsprecher
die Lautstärke
läuten, es läutet
lauter
lauter Blödsinn
die **Lava**
der Lavastrom
der **Lavendel**
die **Lawine,** die Lawinen
die Lawinengefahr

Le

leben, du lebst
das Leben
lebendig
lebensgefährlich
das Lebensmittel
das Lebewesen
lebhaft
die **Leber,** die Lebern
der Leberfleck
die Leberwurst
der **Lebkuchen,** die Lebkuchen
lechzen, du lechzt
das **Leck,** die Lecks
lecken, du leckst
lecker
der Leckerbissen
das **Leder**
ledig
lediglich
leer
die Leere
leeren
der Leerlauf
die **Legasthenie**
legen, du legst
sich legen
die **Legende,** die Legenden
die **Leggings** oder: Leggins
der **Lehm**
der Lehmboden
lehmig
die **Lehne,** die Lehnen
lehren, du lehrst
die Lehre
der Lehrer, die Lehrerin
der **Leib,** die Leibe
das Leibgericht
der Leibwächter
die **Leiche,** die Leichen
leichenblass
der Leichnam
leicht
die Leichtigkeit
leichtsinnig

die **Leichtathletik**
leiden, du leidest, er litt, sie hat gelitten
das Leid
es tut mir Leid
leidend
die **Leidenschaft,** die Leidenschaften
leidenschaftlich
leider
leiern, du leierst
der Leierkasten
leihen, du leihst, er lieh, sie hat geliehen
die Leihbücherei
der **Leim**
leimen
die **Leine,** die Leinen
das **Leinen**
die Leinwand
leise
die **Leiste,** die Leisten
leisten, du leistest
sich etwas leisten
die Leistung
der Leistungssport
leiten, du leitest
der Leiter, die Leiterin
die Leitplanke
die Leitung
die **Leiter,** die Leitern
der Leiterwagen
die **Lektion,** die Lektionen
lenken, du lenkst
der Lenker
das Lenkrad
die Lenkung
der **Leopard,** die Leoparden
die **Lerche,** die Lerchen
lernen, du lernst
Englisch lernen
lesen lernen
kennen lernen
lesen, du liest, er las, sie hat gelesen
Lies!
das Lesebuch
der Leser, die Leserin
die Leseratte
leserlich
letzte
der Letzte, die Letzte
zum letzten Mal
als Letzter, als Letzte
leuchten, die Lampe leuchtet
leuchtend rot
der Leuchtturm
leugnen, du leugnest
die **Leukämie**
die **Leute**
der **Level,** die Levels
das **Lexikon,** die Lexika

Li

die **Libelle,** die Libellen
der **Libero,** die Liberos
das **Licht,** die Lichter
lichterloh
die Lichtgeschwindigkeit
der Lichtschutzfaktor
die **Lichtung,** die Lichtungen
das **Lid,** die Lider
der Lidschatten

lieb
am liebsten
lieb haben
die Liebe
lieben
der Liebesbrief
das Liebespaar
lieblich
der **Liebling,** die Lieblinge
die Lieblingssendung
Liechtenstein
liechtensteinisch
das **Lied,** die Lieder
liefern, du lieferst
die Lieferung
der Lieferwagen
liegen, du liegst, er lag, sie hat gelegen
liegen lassen
die Liege
der Liegestuhl
die Liegestütze
der **Lift,** die Lifte oder: Lifts
lila
die Farbe Lila
lilafarben
die **Lilie,** die Lilien
die **Limonade,** die Limonaden
die **Linde,** die Linden
der Lindenblütentee
lindern, du linderst
das **Lineal,** die Lineale
die **Linie,** die Linien
der Linienbus
der Linienrichter, die Linienrichterin
liniert
links
links abbiegen
von links nach rechts
der Linksaußen
der Linkshänder, die Linkshänderin
linksherum
die **Linse,** die Linsen
die **Lippe,** die Lippen
das Lipgloss
der Lippenstift
lispeln, du lispelst
die **List,** die Listen
listig
die **Liste,** die Listen
der **Liter** (l) oder: das Liter, die Liter
literweise
die **Literatur**
die **Litfaßsäule,** die Litfaßsäulen
live !
die Livesendung

Lo

loben, du lobst
das Lob
lobenswert
das **Loch,** die Löcher
lochen
löcherig oder: löchrig
die **Locke,** die Locken
lockig
locken, du lockst
locker
lockern
lodern, das Feuer lodert

a b c d e f g h i j k l m n o p q r s t u v w x y z

der **Löffel,** die Löffel
löffeln
logisch
der **Lohn,** die Löhne
sich lohnen
die **Loipe,** die Loipen
das **Lokal,** die Lokale
die **Lokomotive,**
die Lokomotiven
die Lok
der Lokführer,
die Lokführerin
die **Longe,** die Longen
longieren
der **Looping**
oder: das Looping,
die Loopings
der **Lorbeer,** die Lorbeeren
das Lorbeerblatt
los
Jetzt gehts los!
losfahren
loslassen
das **Los,** die Lose
losen
löschen, du löschst
das Löschblatt
lose
das Lösegeld
lösen
lösen, du löst
die Lösung
das **Lot,** die Lote
löten, du lötest
der Lötkolben
der **Lotse,** die Lotsen
lotsen

der Liebesbrief

die **Lotterie,** die Lotterien
das Lotto
der **Löwe,** die Löwen
der **Löwenzahn**

Lu

der **Luchs,** die Luchse
die **Lücke,** die Lücken
der Lückentext
die **Luft,** die Lüfte
der Luftballon
luftdicht
lüften
die Luftpumpe
die Luftröhre
die Luftverschmutzung
lügen, du lügst, er log,
sie hat gelogen
die Lüge
die Lügengeschichte
der Lügner, die Lügnerin

die **Luke,** die Luken
der **Lümmel,** die Lümmel
sich lümmeln
der **Lumpen,** die Lumpen
die **Lunge,** die Lungen
die Lungenentzündung
die **Lupe,** die Lupen
lupenrein
der **Lurch,** die Lurche
die **Lust**
lustig
lustlos
lutschen, du lutschst
der Lutscher
Luxemburg
luxemburgisch
der **Luxus**
das Luxushotel

M

Ma

machen, du machst
der **Macho,** die Machos
die **Macht,** die Mächte
mächtig
der Machtkampf
ein Machtwort sprechen
die **Macke,** die Macken
eine Macke haben
das **Mädchen,** die Mädchen
die **Made,** die Maden
etwas madig machen
die **Magd,** die Mägde
Magdeburg
der **Magen,** die Mägen
oder: Magen
die Magenschmerzen
mager
die Magermilch
die **Magie**
der Magier
der **Magnet,** die Magneten
magnetisch
mähen, du mähst
der Mähdrescher
das **Mahl,** die Mahle
oder: Mähler
die Mahlzeit
mahlen, du mahlst
der Mahlstein
die **Mähne,** die Mähnen
mahnen, du mahnst
die Mahnung
der **Mai**
das Maiglöckchen
der Maikäfer
Mainz
der **Mais**
maisgelb
der Maiskolben
die **Majestät,** die Majestäten
majestätisch
die **Majonäse**
das **Make-up,** die Make-ups
die **Makkaroni**
der **Makler,** die Makler
die **Maklerin,** die Maklerinnen
mal
zum ersten Mal
malnehmen
einmal

malen, du malst
der Maler, die Malerin
die Malerei
die **Mama,** die Mamas
das **Mammut,** die Mammuts
oder: Mammute
der Mammutbaum
man
man vermutet, dass ...
der **Manager,** die Manager (!)
die **Managerin,** (!)
die Managerinnen
manche, mancher, manches
manchmal
die **Mandarine,** die Mandarinen
die **Mandel,** die Mandeln
der Mandelbaum
die Mandelentzündung
die **Manege,** die Manegen
der **Mangel,** die Mängel
mangelhaft
der **Mangold**
die **Manieren**
der **Mann,** die Männer
männlich
die **Mannschaft,**
die Mannschaften
der **Mantel,** die Mäntel
die **Mappe,** die Mappen
das Mäppchen
der **Marathon,** die Marathons
das **Märchen,** die Märchen
das Märchenbuch
märchenhaft
die Märchenstunde
der **Marder,** die Marder
die **Margarine**
die **Margerite,** die Margeriten
der **Marienkäfer,**
die Marienkäfer
die **Marionette,** die Marionetten
das Marionettentheater
die **Mark**
die Deutsche Mark (DM)
das Markstück
die **Marke,** die Marken
das Markenzeichen
markieren, du markierst
der Marker
die Markierung
die **Markise,** die Markisen
der **Markt,** die Märkte
der Marktplatz
die **Marmelade,**
die Marmeladen
der **Marmor**
der **Mars**
der Marsmensch
marschieren,
du marschierst
der Marsch
der **Marterpfahl,**
die Marterpfähle
martern
der **März**
der Märzenbecher
das **Marzipan**
die **Masche,** die Maschen
die **Maschine,** die Maschinen
die **Masern**
die **Maske,** die Masken
sich maskieren
das **Maskottchen,**
die Maskottchen

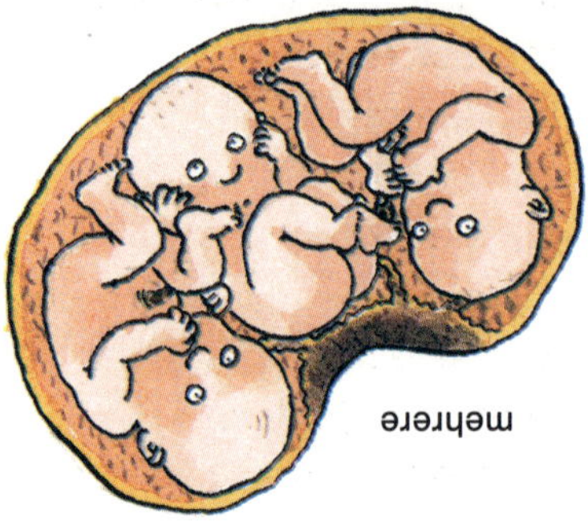

das **Maß,** die Maße
die Maßeinheit
maßlos
der Maßstab
die **Massage,** die Massagen
massieren
die **Masse,** die Massen
massenhaft
die Massenmedien
massenweise
massiv
der **Mast,** die Maste
oder: Masten
das **Match,** die Matchs
oder: Matche
das **Material,** die Materialien
die **Mathematik**
die Mathearbeit
mathematisch
die **Matratze,** die Matratzen
der **Matrose,** die Matrosen
der **Matsch**
matschig
matt
die Mattscheibe
die **Matte,** die Matten
die **Mauer,** die Mauern
mauern
der Maurer, die Maurerin
das **Maul,** die Mäuler
maulen
die Maultasche
der **Maulwurf,** die Maulwürfe
die **Maus,** die Mäuse
mäuschenstill
die Mausefalle
mausetot
die **Mayonnaise**

Me

der **Mechaniker,**
die Mechaniker
mechanisch
die **Mechanikerin,**
die Mechanikerinnen
meckern, die Ziege meckert
die Meckerei
Mecklenburg-Vorpommern
die **Medaille,** die Medaillen
das **Medikament,**
die Medikamente
das **Medium,** die Medien
die **Medizin**
der Medizinball
der Medizinmann
das **Meer,** die Meere
die Meerenge
die Meeresfrüchte
der Meeresspiegel
der **Meerrettich**
das **Meerschweinchen,**
die Meerschweinchen

mega
megageil 
das Megabyte (MB)
das **Mehl**
mehlig
mehr
mehrere
die Mehrheit
mehrmals
die Mehrzahl
meiden, du meidest,
er mied, sie hat gemieden
die **Meile,** die Meilen
meilenweit
mein, meine, meiner
meinetwegen
der **Meineid,** die Meineide
meinen, du meinst
die Meinung
die **Meise,** die Meisen
der Meisenknödel
der **Meißel,** die Meißel
meißeln
meist
meistens
der **Meister,** die Meister
die Meisterschaft
die **Meisterin,** die Meisterinnen
sich **melden,** du meldest dich
melken, du melkst,
er melkte, sie hat gemolken
oder: sie hat gemelkt
die Melkmaschine
die **Melodie,** die Melodien
die **Melone,** die Melonen
das **Memory,** die Memorys
die **Menge,** die Mengen
der **Mensch,** die Menschen
menschenleer
die Menschenmenge
die Menschenrechte
die Menschheit
menschlich
die **Menstruation**
das **Menü,** die Menüs
merken, du merkst
sich etwas merken
das Merkheft
der Merksatz
merkwürdig
der **Merkur**
die **Messe,** die Messen
messen, du misst, er maß,
sie hat gemessen
das **Messer,** die Messer
messerscharf
das **Messing**
das **Metall,** die Metalle
der **Meteorit,** die Meteoriten
der **Meter** (m) oder: das Meter,
die Meter
acht Meter lang
meterlang
das Metermaß
die **Methode,** die Methoden
der **Metzger,** die Metzger
die Metzgerei
die **Metzgerin,**
die Metzgerinnen
die **Meute,** die Meuten
die Meuterei
meutern
Mexiko
mexikanisch

Mi

miauen, die Katze miaut
mich
Ohne mich!
mickerig oder: mickrig
die **Mickymaus,** die Mickymäuse
der **Mief**
die **Miene,** die Mienen
mies
mies machen
sich mies fühlen
mieten, du mietest
die Miete
der Mieter, die Mieterin
die Mietwohnung
das **Mikado,** die Mikados
das **Mikrofon,** die Mikrofone
das **Mikrophon,** die Mikrophone
das **Mikroskop,** die Mikroskope
die **Mikrowelle,** die Mikrowellen
die **Milch**
milchig
der Milchshake
die Milchstraße
der **Milchzahn,** die Milchzähne
mild oder: milde
das **Militär**
militärisch
die **Milliarde,** die Milliarden
das **Milligramm** (mg), die Milligramme
der **Millimeter** (mm) oder: das Millimeter, die Millimeter
die **Million,** die Millionen
der Millionär, die Millionärin
die Millionenstadt
die **Milz,** die Milzen
die **Mimik**
mindestens
die **Mine,** die Minen
das **Mineral,** die Mineralien
das Mineralwasser
mini
das Minigolf
der Minirock
der **Minister,** die Minister
die **Ministerin,** die Ministerinnen
minus
das Minuszeichen

mischen

die **Minute,** die Minuten
minutenlang
der Minutenzeiger
mir
Schreibe mir bald!
die **Mirabelle,** die Mirabellen
mischen, du mischst
der Mischmasch
die Mischung
der Mischwald
miserabel
die **Miss**
Miss Germany
die Misswahl
der **Missbrauch,**
die Missbräuche
missbrauchen
der **Misserfolg,** die Misserfolge
das **Missgeschick,**
die Missgeschicke
die **Misshandlung,**
die Misshandlungen
misshandeln
misstrauisch
das **Missverständnis,**
die Missverständnisse
der **Mist**
der Misthaufen
mit
die **Mitarbeit**
mitarbeiten
mitbestimmen
→ bestimmen
die Mitbestimmung
der **Mitbürger,** die Mitbürger
die **Mitbürgerin,**
die Mitbürgerinnen

miteinander
miteinander auskommen
mitfahren → fahren
die Mitfahrgelegenheit
mitfühlen → fühlen
das Mitgefühl
das **Mitglied,** die Mitglieder
der Mitgliedsausweis
der **Mitlaut,** die Mitlaute
das **Mitleid**
der **Mitmensch,**
die Mitmenschen
mitschuldig
der **Mitschüler,** die Mitschüler
die **Mitschülerin,**
die Mitschülerinnen
mitspielen → spielen
der Mitspieler,
die Mitspielerin
der **Mittag,** die Mittage
am Mittag
gestern Mittag
das Mittagessen
mittags
der Mittagsschlaf
oder: Mittagschlaf
die **Mitte,** die Mitten
in der Mitte
das Mittelalter
das Mittelfeld
das Mittelmeer
der Mittelpunkt
mitten in der Stadt
mittendrin
mitteilen, du teilst mit
die Mitteilung
um **Mitternacht**

der **Mittwoch,** die Mittwoche
am Mittwoch
am Mittwochabend
mittwochs
mixen, du mixt
der Mixer

Mo

die **Möbel**
ich **möchte** → mögen
die **Mode,** die Moden
die Modenschau
modisch
das **Model,** die Models
das **Modell,** die Modelle
modellieren
das **Modem,** die Modems
der **Moderator,** die Moderatoren
die **Moderatorin,** die Moderatorinnen
modern, das Holz modert
moderig oder: modrig
modern, die moderne Technik
das **Mofa,** die Mofas
mogeln, du mogelst
die Mogelei
mögen, du magst, er mag, sie hat gemocht, ich möchte
möglich
möglicherweise
die Möglichkeit
möglichst
Mohammed
der **Mohn**
das Mohnbrötchen
die **Möhre,** die Möhren
die Mohrrübe
der **Molch,** die Molche
die **Mole,** die Molen
die **Molkerei,** die Molkereien
mollig
der **Moment,** die Momente
der **Monat,** die Monate
monatelang
monatlich
die Monatskarte
der **Mönch,** die Mönche
der **Mond,** die Monde
die Mondfinsternis
mondhell
der Mondschein
der **Monitor,** die Monitore
das **Monster,** die Monster
der **Montag,** die Montage
am Montag
am Montagabend
montags
der **Monteur,** die Monteure
die Montage
montieren
die **Monteurin,** die Monteurinnen
das **Moor,** die Moore
das **Moos,** die Moose
moosgrün
moosig
das **Moped,** die Mopeds
moralisch
der **Morast**
der **Mord,** die Morde
der Mörder, die Mörderin
mörderisch

mühelos

der **Morgen,** die Morgen
am Morgen
gestern Morgen
morgens
eines Morgens
morsch
morsen, du morst
das Morsezeichen
der **Mörtel**
das **Mosaik,** die Mosaike
oder: Mosaiken
die **Moschee,** die Moscheen
die **Mosel**
der **Moslem,** die Moslems
moslemisch
die **Moslime,** die Moslimen
der **Most**
die Mostpresse
das **Motiv,** die Motive
der **Motor,** die Motoren
das Motorrad
die **Motte,** die Motten
motzen, du motzt

das **Mountainbike,**
die Mountainbikes
die **Möwe,** die Möwen

Mu

die **Mücke,** die Mücken
der Mückenstich
mucksmäuschenstill
müde
die Müdigkeit
muffig
die **Mühe,** die Mühen
mühelos
mühsam
die **Mühle,** die Mühlen
die **Mulde,** die Mulden
der **Müll**
die Müllabfuhr
die Mülldeponie
der Müllmann
die Mülltonne
die Mülltrennung
die **Mullbinde,** die Mullbinden

der **Müller,** die Müller
die **Müllerin,** die Müllerinnen
mulmig
multiplizieren,
du multiplizierst
die Multiplikation
die **Mumie,** die Mumien
der **Mumps** oder: die Mumps
München
der **Mund,** die Münder
die Mundharmonika
mündlich
die **Mündung,** die Mündungen
münden
munter
die **Münze,** die Münzen
mürbe oder: mürb
der Mürbeteig
die **Murmel,** die Murmeln
murmeln, du murmelst
mürrisch
das **Mus** oder: der Mus
die **Muschel,** die Muscheln
muschelförmig
das **Museum,** die Museen
das **Musical,** die Musicals
die **Musik**
musikalisch
der Musikant,
die Musikantin
der Musiker, die Musikerin
das Musikinstrument
die Musikschule
musizieren
der **Muskel,** die Muskeln
der Muskelkater
das **Müsli,** die Müsli
müssen, du musst
das **Muster,** die Muster
der **Mut**
mutig
die Mutprobe
mutwillig
die **Mutter** (Elternteil),
die Mütter
mütterlich
das Muttermal
mutterseelenallein
die Muttersprache
die **Mutter** (Schraubenmutter),
die Muttern
die **Mütze,** die Mützen

N

Na

Na!
Na und?
der **Nabel,** die Nabel
die Nabelschnur
nach
nach Hause
nach und nach
nachahmen,
du ahmst nach
der **Nachbar,** die Nachbarn
die Nachbarschaft
die **Nachbarin,**
die Nachbarinnen
nachdem
nachdenken → denken
nachdenklich

a b c d e f g h i j k l m n o p q r s t u v w x y z

nacheinander
die **Nacherzählung,** die Nacherzählungen
nacherzählen
der **Nachfolger,** die Nachfolger
die **Nachfolgerin,** die Nachfolgerinnen
nachfragen → fragen
nachgeben, du gibst nach, er gab nach, sie hat nachgegeben
nachgiebig
der **Nachhauseweg,** die Nachhausewege
nach Hause gehen
nachher
die **Nachhilfe**
der **Nachkomme,** die Nachkommen
nachlässig
die Nachlässigkeit
der **Nachmittag,** die Nachmittage
am Nachmittag
gestern Nachmittag
nachmittags
eines Nachmittags
der **Nachname,** die Nachnamen
die **Nachricht,** die Nachrichten
nachschlagen, du schlägst nach, er schlug nach, sie hat nachgeschlagen
die **Nachschrift,** die Nachschriften
die **Nachsilbe,** die Nachsilben
die **Nachspeise,** die Nachspeisen
nächste, nächster, nächstes
der nächste Tag
der Nächste, die Nächste
am nächsten
als Nächster, als Nächste
nächstes Mal
die **Nacht,** die Nächte
bei Nacht
heute Nacht
das Nachthemd
nächtelang
nachts
der **Nachteil,** die Nachteile
die **Nachtigall,** die Nachtigallen
der **Nachtisch,** die Nachtische
nachträglich
der **Nachwuchs**
der **Nachzügler,** die Nachzügler
die **Nachzüglerin,** die Nachzüglerinnen
der **Nacken,** die Nacken
nackt
die **Nadel,** die Nadeln
der Nadelbaum
nadeln
das Nadelöhr
der **Nagel,** die Nägel
die Nagelfeile
der Nagellack
nageln
nagelneu
nagen, der Biber nagt
das Nagetier

a b c d e f g h i j k l m n o p q r s t u v w x y z

nah oder: nahe, näher, am nächsten
von nah und fern
die Nähe
sich nähern
nähen, du nähst
die Nähmaschine
die Nähnadel
die **Nahrung**
das Nahrungsmittel
die **Naht,** die Nähte
nahtlos
naiv
der **Name,** die Namen
namenlos
der Namenstag
das Namenwort
nämlich
Nanu!
die **Narbe,** die Narben
die **Narkose,** die Narkosen
der **Narr,** die Narren
närrisch
die **Närrin,** die Närrinnen
die **Narzisse,** die Narzissen
naschen, du naschst
die Nascherei
die **Nase,** die Nasen
das Nasenbluten
der Nasenring
das **Nashorn,** die Nashörner
nass, nasser oder: nässer, am nassesten
oder: am nässesten
nass geschwitzt
die Nässe
nasskalt
die **Nation,** die Nationen
national
die Nationalhymne
die Nationalmannschaft
die **Natter,** die Nattern
die **Natur**
der Naturforscher, die Naturforscherin
die Naturkatastrophe
der Naturschutz
natürlich

Ne

der **Neandertaler,** die Neandertaler

der **Nebel**
nebelig oder: neblig
neben
nebenan
die Nebenbeschäftigung
nebeneinander
das Nebenfach
nebenher
der Nebensatz
necken, du neckst
der **Neffe,** die Neffen
negativ
das Negativ
nehmen, du nimmst,
er nahm, sie hat genommen
neidisch
der Neid
sich **neigen,** du neigst dich
die Neigung
nein
der Neinsager,
die Neinsagerin
der **Nektar**
die **Nektarine,** die Nektarinen
die **Nelke,** die Nelken
nennen, du nennst,
er nannte, sie hat genannt
der Nenner

das **Neonlicht,** die Neonlichter
der **Neptun**
der **Nerv,** die Nerven
nerven 
das Nervenbündel
nervenstark
nervig
nervös
das **Nest,** die Nester
der Nestflüchter
das Nesthäkchen
die Nestwärme
nett
netterweise
das **Netz,** die Netze
das Netzwerk
neu
das neue Jahr
etwas Neues
neuerdings
das Neugeborene
die Neuigkeit
der Neuschnee
die Neuzeit
neugierig
die Neugier
das **Neujahr**
neulich

der Naturforscher

A B C D E F G H I J K L M N O P Q R S T U V W X Y Z

die **Neurodermitis**

neun
neunmal
der Neunte, die Neunte
neunzehn
neunzig
die **Neurodermitis**
neutral

Ni

nicht
gar nicht
der Nichtschwimmer, die Nichtschwimmerin
die **Nichte,** die Nichten
nichts
nichts Neues
nichts ahnend
der Nichtsnutz
nicken, du nickst
das **Nickerchen,** die Nickerchen
nie
nie mehr
nie und nimmer
nie wieder
nieder
die **Niederlage,** die Niederlagen
die **Niederlande**
niederländisch
Niedersachsen
der **Niederschlag,** die Niederschläge
niedlich
niedrig
niemals
niemand
das Niemandsland
die **Niere,** die Nieren
nieseln, es nieselt
der Nieselregen
niesen, du niest
das Niespulver
die **Niete,** die Nieten
der **Nikolaus**
der Nikolaustag
das **Nikotin**
das **Nilpferd,** die Nilpferde
nippen, du nippst
nirgends
nirgendwo
die **Nische,** die Nischen
nisten, der Vogel nistet
der Nistkasten
die **Nixe,** die Nixen

No

noch
noch einmal
noch mal
das **Nomen,** die Nomen
der **Nominativ**
die **Nonne,** die Nonnen
nonstop
der **Norden**
nördlich
der Nordpol
die Nordsee
Nordrhein-Westfalen
nörgeln, du nörgelst
die Nörgelei
normal
normalerweise
Norwegen
norwegisch

die **Not,** die Nöte
der Notarzt, die Notärztin
der Notausgang
die Notbremse
der Notfall
die Notlandung
die Notlüge
die **Note,** die Noten
der Notenständer
notieren, du notierst
die Notiz
der Notizblock
nötig
notwendig
der **Nougat**
oder: das Nougat
der **November**

Nu

im **Nu**
nüchtern
nuckeln, das Baby nuckelt
der Nuckel
die **Nudel,** die Nudeln
der **Nugat** oder: das Nugat
null
null Ahnung
null Bock
null Fehler
null Grad
die Null
die **Nummer,** die Nummern
nummerieren
das Nummernschild
nun
nur
nuscheln, du nuschelst
die **Nuss,** die Nüsse
der Nussknacker
die **Nüster,** die Nüstern
nutzen, du nutzt
der Nutzen
nutzlos
die Nutzpflanze
nützen, es nützt
nützlich

O

Oa

die **Oase,** die Oasen

Ob

ob
obdachlos
oben
der **Ober,** die Ober
obere
die oberen Klassen
die **Oberfläche,**
die Oberflächen
oberflächlich
oberhalb
das **Oberhaupt,**
die Oberhäupter
das **Oberteil,** die Oberteile
das **Objekt,** die Objekte
die **Oblate,** die Oblaten
die **Oboe,** die Oboen
das **Obst**
der Obstsaft
der Obstsalat

obwohl

Oc
der **Ochse,** die Ochsen

Od
öde oder: öd
oder
die **Oder**

Of
der **Ofen,** die Öfen
offen
offen lassen
die Offenheit
öffentlich
die Öffentlichkeit
offiziell
öffnen, du öffnest
die Öffnung
die Öffnungszeit
oft, öfter

Oh
Oh!
ohne
ohne weiteres
ohnmächtig
Oho!
das **Ohr,** die Ohren
die Ohrenschmerzen
der Ohrring
der Ohrwurm

Oj
Oje!
Ojemine!

Ok
okay (o. k. oder: O. K.) !
ökologisch
der Ökoladen
der **Oktober**

Ol
das **Öl**
ölen
ölig
die Ölpest
der **Oldtimer,** die Oldtimer
die **Olive,** die Oliven
das Olivenöl
die **Olympiade,**
die Olympiaden
die Olympischen Spiele

Om
die **Oma,** die Omas
das **Omelett,** die Omeletts
oder: Omelette
der **Omnibus,** die Omnibusse

On
der **Onkel,** die Onkel

Op
der **Opa,** die Opas
die **Oper,** die Opern
die **Operation,** die Operationen
der Operationssaal
operieren
das **Opfer,** die Opfer
der **Optiker,** die Optiker
die **Optikerin,** die Optikerinnen
optimal

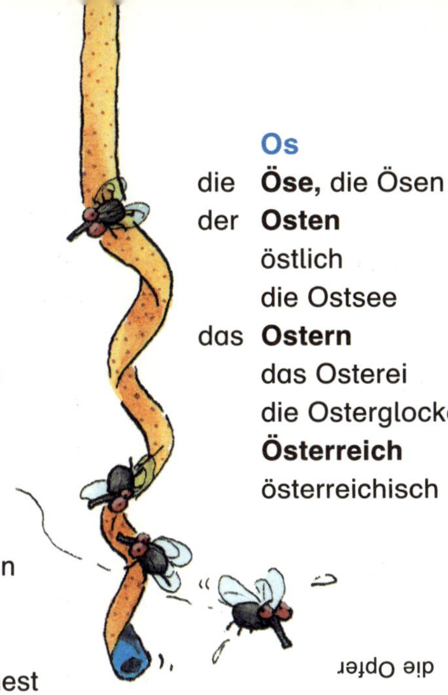

Or

die **Orange,**
die Orangen
orange
der Orangensaft
der **Orang-Utan,**
die Orang-Utans
das **Orchester,**
die Orchester
die **Orchidee,**
die Orchideen
der **Orden,** die Orden
ordentlich
ordinär
ordnen, du ordnest
die Ordnung
das **Organ,** die Organe
organisch
organisieren,
du organisierst
die Organisation
die **Orgel,** die Orgeln
die Orgelpfeife
der **Orient**
orientalisch
der Orientexpress
sich **orientieren,**
du orientierst dich
die Orientierung
die Orientierungsstufe
das **Original,** die Originale
der **Orkan,** die Orkane
orkanartig
der **Ort,** die Orte
das Örtchen
örtlich
die Ortschaft

Os

die **Öse,** die Ösen
der **Osten**
östlich
die Ostsee
das **Ostern**
das Osterei
die Osterglocke
Österreich
österreichisch

Ou

out
out sein
das **Outfit,** die Outfits
der **Outsider,** die Outsider

Ov

oval
der **Overall,** die Overalls
der **Overheadprojektor,**
die Overheadprojektoren

Ow

O weh!

Oz

der **Ozean,** die Ozeane
der **Ozon** oder: das Ozon
das Ozonloch
die Ozonschicht
der Ozonwert

P

Pa

ein **paar** (einige)
ein paar Mal
ein paar Tage
das **Paar** (zwei), die Paare
das Pärchen
pachten, du pachtest
die Pacht
packen, du packst
das Päckchen
das Packpapier
die Packung
das **Paddel,** die Paddel
das Paddelboot
paddeln
das **Paket,** die Pakete
der **Palast,** die Paläste
das **Palaver**
die **Palme,** die Palmen
die **Pampe**
pampig
die **Pampelmuse,** die Pampelmusen
der **Panda,** die Pandas
paniert
das Paniermehl
die **Panik**
panisch
die **Panne,** die Pannen
das **Panorama,** die Panoramen
der **Panter,** die Panter
der **Panther,** die Panther
der **Pantoffel,** die Pantoffeln
die **Pantomime,** die Pantomimen
der **Panzer,** die Panzer
der **Papa,** die Papas
der **Papagei,** die Papageien
das **Papier,** die Papiere
das Papierschnipsel oder: der Papierschnipsel
die **Pappe,** die Pappen
der Pappbecher
der Pappkarton
das Pappmaschee oder: Pappmaché
die **Pappel,** die Pappeln
der **Paprika,** die Paprikas
die Paprikaschote
der **Papst,** die Päpste
das **Paradies,** die Paradiese
paradiesisch
parallel
die Parallele
der **Parasit,** die Parasiten
der **Parcour,** die Parcours
das **Parfüm,** die Parfüms oder: Parfüme
der **Park,** die Parks
die Parkbank
parken, du parkst
das Park-and-ride-System
der Parkplatz
das Parkverbot
der **Parkettboden,** die Parkettböden
das **Parlament,** die Parlamente
die **Partei,** die Parteien
parteiisch

der **Partner,** die Partner
die Partnerarbeit
die Partnerschaft
die **Partnerin,** die Partnerinnen
die **Party,** die Partys
der **Pass,** die Pässe
das Passbild
der **Passagier,** die Passagiere
passen, die Hose passt
passend
passieren, es passiert
passiv
der **Pastor,** die Pastoren
die **Pastorin,** die Pastorinnen
der **Pate,** die Paten
das Patenkind
der Patenonkel
die Patenschaft
die Patentante
das **Patent,** die Patente
der **Patient,** die Patienten
die **Patientin,** die Patientinnen
die **Patin,** die Patinnen
die **Patrone,** die Patronen
patschnass
der **Patzer,** die Patzer
patzig
die **Pauke,** die Pauken
pauken, du paukst
der Pauker, die Paukerin
die **Pause,** die Pausen
das Pausenbrot
pausenlos
der **Pavian,** die Paviane
der **Pavillon,** die Pavillons
der **Pazifik**
der Pazifische Ozean

Pc

der **PC,** die PCs
der Personalcomputer

Pe

das **Pech**
pechschwarz
der Pechvogel
das **Pedal,** die Pedale
der **Pegel,** die Pegel
der Pegelstand
peinlich
die **Peitsche,** die Peitschen
peitschen
der **Pelikan,** die Pelikane
die **Pelle,** die Pellen
pellen
die Pellkartoffel
der **Pelz,** die Pelze
das **Pendel,** die Pendel
pendeln
der **Penis,** die Penisse
pennen, du pennst
die **Pension,** die Pensionen
per
per Luftpost
perfekt
das **Perfekt**
das **Pergamentpapier**
die **Periode,** die Perioden
die **Perle,** die Perlen
die **Person,** die Personen
der Personalausweis
der Personenkraftwagen
(PKW oder: Pkw)
persönlich
die Persönlichkeit

a b c d e f g h i j k l m n o p q r s t u v w x y z

die **Perücke,** die Perücken
die **Pest**
die **Petersilie**
das **Petroleum**
die Petroleumlampe
petzen, du petzt

Pf

der **Pfad,** die Pfade
der Pfadfinder,
die Pfadfinderin
der **Pfahl,** die Pfähle
das **Pfand,** die Pfänder
die Pfandflasche
die **Pfanne,** die Pfannen
der Pfannkuchen
der **Pfarrer,** die Pfarrer
die **Pfarrerin,** die Pfarrerinnen
der **Pfau,** die Pfauen
das Pfauenauge
der **Pfeffer**
pfeffern
die **Pfefferminze**
das Pfefferminzbonbon
pfeifen, du pfeifst, er pfiff,
sie hat gepfiffen
die Pfeife
das Pfeifkonzert
der **Pfeil,** die Pfeile
der **Pfeiler,** die Pfeiler
der **Pfennig** (Pf), die Pfennige
das **Pferd,** die Pferde
der Pferdeschwanz
der Pferdestall
der **Pfiff,** die Pfiffe
pfiffig
der **Pfifferling,** die Pfifferlinge
Pfingsten
der Pfingstsonntag
der **Pfirsich,** die Pfirsiche
die **Pflanze,** die Pflanzen
das Pflänzchen
pflanzen
das Pflanzenschutzmittel
das **Pflaster,** die Pflaster
pflastern
die **Pflaume,** die Pflaumen
der Pflaumenkuchen
das Pflaumenmus
pflegen, du pflegst
die Pflege
die Pflegeeltern
pflegeleicht
der Pfleger, die Pflegerin
die **Pflicht,** die Pflichten
pflücken, du pflückst
der **Pflug,** die Pflüge
pflügen
die **Pforte,** die Pforten
der Pförtner, die Pförtnerin
der **Pfosten,** die Pfosten
die **Pfote,** die Pfoten
der **Pfropfen,** die Pfropfen
Pfui!
das **Pfund,** die Pfunde
pfuschen, du pfuschst
die Pfuscherei
die **Pfütze,** die Pfützen

die Pfoten

Ph

die **Phantasie**
phantasieren
phantasievoll
phantastisch
das **Phantom,** die Phantome
das Phantombild
der **Pharao,** die Pharaonen
das **Photo,** die Photos
die **Physik**
physikalisch

Pi

der **Pickel,** die Pickel
pickelig oder: picklig
picken, der Vogel pickt
das **Picknick,** die Picknicks
oder: Picknicke
picknicken
der Picknickkorb
piepsen, der Vogel piepst
die **Pille,** die Pillen
der **Pilot,** die Piloten
die **Pilotin,** die Pilotinnen
der **Pilz,** die Pilze
die Pilzvergiftung
pingelig
der **Pinguin,** die Pinguine
pink
pinkeln, du pinkelst
die **Pinnwand,** die Pinnwände
der **Pinsel,** die Pinsel
pinseln
die **Pinzette,** die Pinzetten
der **Piranha,** die Piranhas
der **Pirat,** die Piraten
das Piratenschiff
die **Piratin,** die Piratinnen
pirschen, du pirschst
die **Piste,** die Pisten
die **Pistole,** die Pistolen
die **Pizza,** die Pizzas
oder: Pizzen
die Pizzeria

Pl

plagen, du plagst
sich plagen
die Plage
das **Plakat,** die Plakate
die **Plakette,** die Plaketten
der **Plan,** die Pläne
planen
planlos
die **Plane,** die Planen
der Planwagen
der **Planet,** die Planeten
die **Planke,** die Planken
planschen, du planschst
das Planschbecken
die **Plantage,** die Plantagen
plantschen, du plantschst
das Plantschbecken
plappern, du plapperst
plärren, du plärrst
das **Plastik**
die Plastikfolie
die Plastiktüte
plätschern, das Wasser
plätschert
platt
die Platte
der Plattenspieler
der Plattfuß

der **Platz,** die Plätze
Platz machen
Platz sparend
platzen, der Ballon platzt
der Platzregen
die Platzwunde
plaudern, du plauderst
das **Play-back**
oder: Playback
pleite
die Pleite
die **Plombe,** die Plomben
plombieren
plötzlich
plump
plumpsen
plündern, du plünderst
die Plünderung
der **Plural**
plus
der Pluspunkt
das Pluszeichen
der **Pluto**

Po

der **Po,** die Pos
pochen, das Herz pocht
die **Pocke,** die Pocken
das **Poesiealbum,**
die Poesiealben
der **Pokal,** die Pokale
der **Pol,** die Pole
der Polarstern
Polen
polnisch
polieren, du polierst
die Politur
die **Politik**
der Politiker, die Politikerin
politisch
die **Polizei**
das Polizeiauto
der Polizeifunk
polizeilich gesucht
der Polizist, die Polizistin
der **Pollen,** die Pollen
die Pollenallergie
das **Polster,** die Polster
polstern
poltern, du polterst
der Polterabend
die **Pommes frites**
das **Pony,** die Ponys
das Ponyreiten
das **Popcorn**
die **Popmusik**
der **Popo,** die Popos
die **Pore,** die Poren
porös
der **Porree,** die Porrees
das **Portemonnaie,**
die Portemonnaies
die **Portion,** die Portionen
portionsweise
das **Portmonee,**
die Portmonees
das **Porto,** die Portos
oder: Porti
das **Porträt,** die Porträts
Portugal
portugiesisch
das **Porzellan**
die **Posaune,** die Posaunen
positiv

das Prachtstück

die **Post**
das Postamt
der Postbote, die Postbotin
die Postkarte
die Postleitzahl
das **Poster** oder: der Poster, die Poster oder: Posters
Potsdam
die **Power**
powern

Pr

die **Pracht**
prächtig
das Prachtstück
das **Prädikat,** die Prädikate
prägen, du prägst
prahlen, du prahlst
die Prahlerei
praktisch
die **Praline,** die Pralinen
prall
prallvoll
prallen, du prallst
die **Prämie,** die Prämien
der **Pranger,** die Pranger
die **Pranke,** die Pranken
die **Präposition,** die Präpositionen
die **Prärie,** die Prärien
das **Präsens**
der **Präsident,** die Präsidenten
die **Präsidentin,** die Präsidentinnen
prasseln, der Hagel prasselt
das **Präteritum**
die **Praxis,** die Praxen
die **Predigt,** die Predigten
predigen
der **Preis,** die Preise
das Preisausschreiben
preiswert
die **Prellung,** die Prellungen
die **Premiere,** die Premieren
die **Presse**
der Pressefotograf, die Pressefotografin
pressen, du presst
der Presslufthammer

prickeln, es prickelt
prickelnd
der **Priester**, die Priester
die **Priesterin**,
die Priesterinnen
prima
die **Primel**, die Primeln
der **Prinz**, die Prinzen
die **Prinzessin**,
die Prinzessinnen
das **Prinzip**, die Prinzipien
die **Prise**, die Prisen
privat
das Privatleben
pro
pro Kind
das Pro und Kontra
die **Probe**, die Proben
der Probealarm
die Probefahrt
proben
probeweise
probieren
das **Problem**, die Probleme
problemlos
das **Produkt**, die Produkte
die Produktion
produzieren
der **Professor**, die Professoren
die **Professorin**,
die Professorinnen
der **Profi**, die Profis
der Profifußball
das **Programm**, die Programme
die Programmänderung
programmieren
die Programmierung

das **Projekt**, die Projekte
die Projekttage
der **Projektor**, die Projektoren
prompt
das **Pronomen**, die Pronomina
der **Propeller**, die Propeller
der **Prophet**, die Propheten
die Prophezeiung
die **Prophetin**,
die Prophetinnen
proppenvoll
der **Prospekt**, die Prospekte
Prost!
der **Protest**, die Proteste
protestieren
protestantisch
der Protestant,
die Protestantin
die **Prothese**, die Prothesen
das **Protokoll**, die Protokolle
protzen, du protzt
der **Proviant**
das **Prozent** (%), die Prozente
der **Prozess**, die Prozesse
die **Prozession**,
die Prozessionen
prüfen, du prüfst
die Prüfung
prügeln, du prügelst
sich prügeln
die Prügel
die Prügelei
prusten, du prustest

Pu

die **Pubertät**
das **Publikum**

der **Pudding,**
die Puddinge
oder: Puddings
das Puddingpulver
der **Pudel,** die Pudel
die Pudelmütze
pudelnass
pudelwohl
der **Puder**
der Puderzucker
der **Puffer,** die Puffer
der **Pullover,** die Pullover
der Pulli
der Pullunder
der **Puls**
die Pulsader
der Pulsschlag
das **Pult,** die Pulte
das **Pulver,** die Pulver
das Pulverfass
der Pulverschnee
der **Puma,** die Pumas
pummelig oder: pummlig
pumpen, du pumpst
die Pumpe
der **Punkt,** die Punkte
die Punktzahl
pünktlich
die Pünktlichkeit
die **Pupille,** die Pupillen
die **Puppe,** die Puppen
das Püppchen
die Puppenstube
pur
das **Püree,** die Pürees
purzeln, du purzelst
der Purzelbaum
pusten, du pustest
die Puste
die Pusteblume
die **Pute,** die Puten
der Puter
puterrot
der **Putz**
putzen, du putzt
das Putzmittel
putzig
das **Puzzle,** die Puzzles
puzzeln

Py

der **Pyjama,** die Pyjamas
die **Pyramide,** die Pyramiden

Qua

das **Quadrat,** die Quadrate
quadratisch
der Quadratmeter
der **Quai** oder: das Quai,
die Quais
quaken, der Frosch quakt
quälen, du quälst
die Qual
die Quälerei
der Quälgeist
qualvoll
die **Qualifikation,**
die Qualifikationen
das Qualifikationsspiel
sich qualifizieren

die **Qualität,** die Qualitäten
die **Qualle,** die Quallen
der **Qualm**
qualmen
die **Quarantäne**
der **Quark**
das **Quartett,** die Quartette
das **Quartier,** die Quartiere
der **Quarz**
die Quarzuhr
quasseln, du quasselst
der **Quatsch**
quatschen,
du quatschst

Que

das **Quecksilber**
die **Quelle,** die Quellen
quellen
quengeln, du quengelst
quengelig oder: quenglig
quer
quer gestreift
querbeet
in die Quere kommen
querfeldein
die Querflöte
der Querschnitt
quetschen, du quetschst
die Quetschung

Qui

quicklebendig
quieken, das Schwein quiekt
quietschen, du quietschst
quietschvergnügt
der **Quirl,** die Quirle
quirlen
quitt
wir sind quitt
die Quittung
die **Quitte,** die Quitten
das **Quiz**
die Quizfrage

R

Ra

der **Rabatt,** die Rabatte
der **Rabbiner,** die Rabbiner
der **Rabe,** die Raben
rabenschwarz
rabiat
die **Rache**
sich rächen
der Rächer, die Rächerin
rachsüchtig
der **Rachen,** die Rachen
das **Rad,** die Räder
Rad fahren
ein Rad schlagen
der Radfahrer, die Radfahrerin
die Radkappe
die Radtour
der **Radar** oder: das Radar
die Radarkontrolle
der **Radau**
radieren, du radierst
der Radierer
der Radiergummi

das **Radieschen,**
die Radieschen
radikal
das **Radio,** die Radios
der Radiosender
radioaktiv
die Radioaktivität
der **Radius,** die Radien
raffen, du raffst
raffgierig
raffiniert
der **Rahmen,** die Rahmen
sich **räkeln,** du räkelst dich
die **Rakete,** die Raketen
die **Rallye,** die Rallyes
der **Ramadan**
rammen, du rammst
die **Rampe,** die Rampen
das Rampenlicht
der **Ramsch**
die **Ranch,** die Ranchs
oder: Ranches
der **Rand,** die Ränder
randvoll
randalieren, du randalierst
der **Rang,** die Ränge
die **Rangelei,** die Rangeleien
rangieren, du rangierst
die Rangierlok
sich **ranhalten,**
du hältst dich ran, er hielt
sich ran, sie hat sich
rangehalten
ranken, die Rose rankt
die Ranke
ranklotzen, du klotzt ran
der **Ranzen,** die Ranzen

ranzig
der **Rappe,** die Rappen
der **Raps**
rar
die Rarität
rasant
rasch
rascheln, du raschelst
rasen, du rast
rasend
der Raser, die Raserin
die Raserei
der **Rasen,** die Rasen
der Rasenmäher
sich **rasieren,** der Mann
rasiert sich
der Rasierapparat
die Rasierklinge
raspeln, du raspelst
die Raspel
die **Rasse,** die Rassen
der Rassehund
die **Rassel,** die Rasseln
rasten, du rastest
die Rast
rastlos
die Raststätte
der **Rat**
Rat suchen
der Ratgeber,
die Ratgeberin
ratlos
der Ratschlag
die **Rate,** die Raten
eine Rate zahlen
raten, du rätst, er riet,
sie hat geraten

a b c d e f g h i j k l m n o p q r s t u v w x y z

das **Rathaus,** die Rathäuser
das **Rätsel,** die Rätsel
rätselhaft
rätseln
die **Ratte,** die Ratten
rattern, die Maschine rattert
ratzekahl
rau
die Raufasertapete
der Raureif
rauben, du raubst
der Raub
der Räuber, die Räuberin
die Räuberbande
das Raubtier
rauchen, er raucht
der Rauch
räuchern
rauchig
das Rauchverbot
das Rauchzeichen
rauf (herauf)
rauf und runter
raufen, du raufst
die Rauferei

der **Raum,** die Räume
räumen
die Raumfahrt
die Raumkapsel
räumlich
das Raumschiff
die **Raupe,** die Raupen
raus (heraus)
rausekeln
rausfliegen
rauskriegen
rauswerfen
der **Rausch,** die Räusche
das Rauschgift
rauschgiftsüchtig
rauschen, der Fluss rauscht
sich **räuspern,** du räusperst dich
die **Ravioli**
die **Razzia,** die Razzien

Re

reagieren, du reagierst
die Reaktion
der **Reaktor,** die Reaktoren
der Reaktorunfall

das Raubtier

real
die Realität
die **Realschule,**
die Realschulen
die **Rebe,** die Reben
der Rebstock
der **Rebell,** die Rebellen
rebellieren
die **Rebellin,** die Rebellinnen
der **Rechen,** die Rechen
rechen
rechnen, du rechnest
die Rechenaufgabe
der Rechenfehler
der Rechner
die Rechnung
recht
das ist mir recht
jetzt erst recht
das **Recht,** die Rechte
Recht haben
im Recht sein
rechthaberisch
der Rechtsanwalt,
die Rechtsanwältin
das **Rechteck,** die Rechtecke
rechteckig
rechts
rechts abbiegen
von rechts nach links
der Rechtsaußen
der Rechtshänder,
die Rechtshänderin
rechtsherum
die **Rechtschreibung**
der Rechtschreibfehler
rechtzeitig

das **Reck,** die Recke
oder: Recks
die Reckstange
sich **recken,** du reckst dich
der **Recorder,** die Recorder
das **Recycling** (!)
recyceln
recycelbar
reden, du redest
die Rede
eine Rede halten
die Redensart
der Redner, die Rednerin
redselig
reflektieren, das Glas
reflektiert
der Reflektor
die **Reform,** die Reformen
das Reformhaus
reformieren
der **Refrain,** die Refrains
das **Regal,** die Regale
die **Regel,** die Regeln
regelmäßig
die Regelmäßigkeit
regeln
sich **regen,** du regst dich
rege
regungslos
der **Regen**
der Regenbogen
regennass
der Regenschirm
das Regenwetter
der Regenwurm
regnen
regnerisch

die **Regie**
der Regisseur,
die Regisseurin
regieren, du regierst
die Regierung
die **Region,** die Regionen
das **Reh,** die Rehe
der Rehbock
das Rehkitz
reiben, du reibst, er rieb,
sie hat gerieben
die Reibe
der Reibekuchen
die Reibung
reibungslos
reich
reichhaltig
reichlich
der Reichtum
das **Reich,** die Reiche
reichen, du reichst
reif
die Reife
der **Reif** (gefrorener Tau)
die Reifglätte
der **Reif** (Ring), die Reife
der Reifrock
der **Reifen,** die Reifen
die Reifenpanne
der Reifenwechsel
die **Reihe,** die Reihen
der Reihe nach
die Reihenfolge
reihum
der **Reiher,** die Reiher
sich **reimen,** es reimt sich
der Reim
rein (herein)
rein und raus
reinkommen
reinspringen
rein (sauber)
reinigen
die Reinigung
der **Reis**
das Reiskorn
reisen, du reist
die Reise
das Reisebüro
reisefertig
das Reisefieber
der Reiseführer
der Reisepass
reißen, du reißt, er riss,
sie hat gerissen
Reißaus nehmen
der Reißverschluss
die **Reißzwecke,**
die Reißzwecken
reiten, du reitest, er ritt,
sie ist geritten
oder: sie hat geritten
der Reiter, die Reiterin
die Reitstunde
der **Reiz,** die Reize
reizen
reizend
sich **rekeln,** du rekelst dich
die **Reklame,** die Reklamen
reklamieren, du reklamierst
die Reklamation
der **Rekord,** die Rekorde
die Rekordzeit
der **Rekorder,** die Rekorder

die Reklamation

der **Rektor,** die Rektoren
das Rektorat
die **Rektorin,** die Rektorinnen
relativ
relaxen, du relaxt
die **Religion,** die Religionen
der Religionsunterricht
religiös
rempeln, du rempelst
die Rempelei
rennen, du rennst,
er rannte, sie ist gerannt
das Rennen
das Rennrad
die Rennstrecke
renovieren, du renovierst
die Renovierung
die **Rente,** die Renten
der Rentner, die Rentnerin
reparieren, du reparierst
die Reparatur
die **Reportage,** die Reportagen
der **Reporter,** die Reporter
die **Reporterin,**
die Reporterinnen

das **Reptil,** die Reptilien
die **Republik,** die Republiken
die **Reserve,** die Reserven
das Reserverad
reservieren, du reservierst
die Reservierung
der **Respekt**
respektieren
respektlos
der **Rest,** die Reste
das **Restaurant,**
die Restaurants
das **Resultat,** die Resultate
retten, du rettest
der Retter, die Retterin
die Rettung
das Rettungsboot
der **Rettich,** die Rettiche
die **Reue**
sich **revanchieren,**
du revanchierst dich
die Revanche
das **Revier,** die Reviere
die **Revolution,**
die Revolutionen

A B C D E F G H I J K L M N O P Q R S T U V W X Y Z

der **Revolver,** die Revolver
das **Rezept,** die Rezepte

Rh

der **Rhabarber**
das Rhabarberkompott
der **Rhein**
Rheinland-Pfalz
das **Rheuma**
der **Rhythmus,** die Rhythmen
rhythmisch

Ri

der **Richter,** die Richter
richten
der Richterspruch
die **Richterin,** die Richterinnen
richtig
richtig machen
das Richtige
die **Richtung,** die Richtungen
riechen, du riechst, er roch,
sie hat gerochen
die **Riege,** die Riegen
der **Riegel,** die Riegel
der **Riemen,** die Riemen
der **Riese,** die Riesen
riesengroß
das Riesenrad
riesig
rieseln, der Sand rieselt
die **Riesin,** die Riesinnen
das **Riff,** die Riffe
die **Rille,** die Rillen
das **Rind,** die Rinder
das Rindfleisch
die **Rinde,** die Rinden
der **Ring,** die Ringe
ringsherum
die **Ringelnatter,**
die Ringelnattern
ringen, du ringst, er rang,
sie hat gerungen
der Ringkampf
die **Rinne,** die Rinnen
rinnen
das Rinnsal
die **Rippe,** die Rippen

das **Risiko,** die Risiken
oder: Risikos
riskant
riskieren
der **Riss,** die Risse
der **Ritt,** die Ritte
der **Ritter,** die Ritter
die Ritterburg
die Ritterrüstung
der **Rittersporn**
ritzen, du ritzt
der Ritz
die Ritze
der **Rivale,** die Rivalen
die Rivalität
die **Rivalin,** die Rivalinnen

Ro

die **Robbe,** die Robben
der **Roboter,** die Roboter
robust
röcheln, du röchelst
der **Rock,** die Röcke
die **Rockmusik**
der Rocker, die Rockerin
rodeln, du rodelst
die Rodelbahn
das **Rodeo** oder: der Rodeo,
die Rodeos
der **Roggen**
das Roggenbrot
roh
die Rohkost
der Rohstoff
das **Rohr,** die Rohre
der Rohrbruch
der Rohrzucker
die **Röhre,** die Röhren
rollen, du rollst
die Rolle
der Roller
der Rollkragen
der Rollladen
der Rollschuh
der Rollstuhl
die Rolltreppe
die **Rollerblades**
die **Rollerskates**
das **Rollo,** die Rollos
der **Rom** (Volksgruppe),
die Roma
Rom (Stadt)
die Römer
der **Roman,** die Romane
romantisch
die **Romni,** die Roma
röntgen, du wirst geröntgt
die Röntgenaufnahme
rosa
rosarot
die **Rose,** die Rosen
der Rosenkohl
rosig
die **Rosine,** die Rosinen
das Rosinenbrötchen
das **Ross,** die Rosse
oder: Rösser
der **Rost,** die Roste
die Rostbratwurst
rösten
rosten, das Auto rostet
der Rost
rostfrei
rostig

rot, röter oder: roter, am rötesten oder: am rotesten
die Farbe Rot
bei Rot halten
das Rote Kreuz
rothaarig
das Rotkehlchen
rötlich
die **Röteln**
rotzfrech
die **Roulade,** die Rouladen
die **Route,** die Routen
der **Rowdy,** die Rowdys

Ru

rubbeln, du rubbelst
rubbelig
das Rubbellos
die **Rübe,** die Rüben
rüber (herüber)
rüberkommen
der **Ruck,** die Rucke
ruckartig
rücken, du rückst
der **Rücken,** die Rücken
der Rückenwind
das Rückgrat
die **Rückfahrt,** die Rückfahrten
die Rückfahrkarte
die **Rückkehr**
das **Rücklicht,** die Rücklichter
der **Rucksack,** die Rucksäcke
die **Rückseite,** die Rückseiten
die **Rücksicht**
Rücksicht nehmen
rücksichtslos
rücksichtsvoll
der **Rücksitz,** die Rücksitze
der **Rückstrahler,** die Rückstrahler
rückwärts
rückwärts fahren
der Rückwärtsgang
der **Rückweg,** die Rückwege
der **Rüde,** die Rüden
das **Rudel,** die Rudel
rudern, du ruderst
das Ruder
das Ruderboot
rufen, du rufst, er rief, sie hat gerufen
der Ruf
das **Rugby**
die **Ruhe**
ruhen
die Ruhestörung
der Ruhetag
ruhig
der **Ruhm**
sich rühmen
rühren, du rührst
das Rührei
der Rührlöffel
die **Ruine,** die Ruinen
ruinieren
rülpsen, du rülpst
der Rülpser
Rumänien
rumänisch
der **Rummel**
rumoren, der Magen rumort
rumpeln, der Wagen rumpelt
die Rumpelkammer

der **Rumpf**
rümpfen, du rümpfst
die Nase
rund
die Runde
die Rundfahrt
der Rundgang
rundherum
rundlich
die Rundreise
der **Rundfunk**
die Rundfunkanstalt
runter (herunter)
runterfallen
runterschlucken
runzeln, du runzelst
die Stirn
runzelig oder: runzlig
der **Rüpel,** die Rüpel
rupfen, du rupfst
ruppig
die **Rushhour,** !
die Rushhours
der **Ruß**
rußen
der **Rüssel,** die Rüssel
Russland
russisch
rustikal
die **Rüstung,** die Rüstungen
die **Rute,** die Ruten
rutschen, du rutschst
die Rutschbahn
die Rutsche
rutschfest
rutschig
rütteln, du rüttelst

S

Sa

der **Saal,** die Säle
Saarbrücken
Saarland
die **Saat,** die Saaten
der **Sabbat,** die Sabbate
sabbern, du sabberst
der **Säbel,** die Säbel
die **Sache,** die Sachen
der Sachkundeunterricht
sächlich
der Sachschaden
Sachsen
Sachsen-Anhalt
sachte oder: sacht
der **Sack,** die Säcke
der Sackbahnhof
die Sackgasse
das Sackhüpfen
säen, du säst
die Sämaschine
die **Safari,** die Safaris
der **Safe** oder: das Safe, !
die Safes
der **Saft,** die Säfte
saftig
die **Sage,** die Sagen
sagenhaft
die **Säge,** die Sägen
sägen
die Sägespäne
sagen, du sagst
die **Sahara**

a b c d e f g h i j k l m n o p q r **s** t u v w x y z

die **Sahne**
die Sahnetorte
sahnig
die **Saison,** die Saisons
die **Saite,** die Saiten
das Saiteninstrument
das **Sakrament,**
die Sakramente
der **Salamander,**
die Salamander
die **Salami,** die Salamis
der **Salat,** die Salate
das Salatbesteck
das Salatblatt
die **Salbe,** die Salben
der **Salto,** die Saltos oder: Salti
das **Salz**
das Salzbergwerk
salzen
salzig
die Salzstange
das Salzwasser
der **Samen,** die Samen
das Samenkorn
sammeln, du sammelst
die Sammelmappe
der Sammler,
die Sammlerin
die Sammlung
der **Samstag,** die Samstage
am Samstag
am Samstagabend
samstags
der **Samt**
die Samtpfote
samtweich
sämtlich

das **Sanatorium,**
die Sanatorien
der **Sand**
die Sandbank
sandig
der Sandkasten
die **Sandale,** die Sandalen
das **Sandwich**
oder: der Sandwich,
die Sandwichs
oder: Sandwiches
oder: Sandwiche
sanft
sanftmütig
die **Sänfte,** die Sänften
der **Sänger,** die Sänger
die **Sängerin,** die Sängerinnen
der **Sanitäter,** die Sanitäter
die **Sanitäterin,**
die Sanitäterinnen
die **Sardine,** die Sardinen
die Sardinenbüchse
der **Sarg,** die Särge
der **Satellit,** die Satelliten
das Satellitenfernsehen
das Satellitenfoto
satt
sich satt essen
etwas satt haben
der **Sattel,** die Sättel
sattelfest
der Sattelschlepper
die Satteltasche

der **Saturn**
der **Satz,** die Sätze
die Satzaussage
die Satzergänzung
der Satzgegenstand
das Satzglied
der Satzkern
das Satzzeichen
die **Sau,** die Säue
oder: Sauen
saublöd
die Sauerei
das Sauwetter
sauwohl
sauber
sauber machen
sauber schreiben
die Sauberkeit
säubern
die **Sauce,** die Saucen
sauer
die Sauerkirsche
das Sauerkraut
säuerlich
der **Sauerstoff**
die Sauerstoffmaske

saufen, das Kalb säuft,
es soff, es hat gesoffen
saugen, du saugst,
er saugte oder: er sog,
sie hat gesaugt
oder: sie hat gesogen
der Sauger
säugen, du säugst
das Säugetier
der Säugling
die **Säule,** die Säulen
der **Saum,** die Säume
säumen
die **Sauna,** die Saunas
oder: Saunen
die **Säure,** die Säuren
der **Saurier,** die Saurier
säuseln, du säuselst
sausen, du saust
im Sauseschritt
das **Saxofon,** die Saxofone
das **Saxophon,** die Saxophone

Sb

die **S-Bahn,** die S-Bahnen
die Schnellbahn

Sc

der **Scanner,** die Scanner
der **Sciencefictionfilm,**
die Sciencefictionfilme

die Sammlung

Scha

schaben, du schabst
der **Schabernack**
schäbig
die **Schablone,** die Schablonen
das **Schach**
das Schachspiel
der **Schacht,** die Schächte
die **Schachtel,** die Schachteln
schade
der **Schädel,** die Schädel
schaden, du schadest
der Schaden
die Schadenfreude
schadenfroh
schädlich
der Schädling
der Schadstoff
das **Schaf,** die Schafe
der Schäfer, die Schäferin
der Schäferhund
der Schafkäse
oder: Schafskäse
die Schafwolle
schaffen, du schaffst
der **Schaffner,** die Schaffner
die **Schaffnerin,**
die Schaffnerinnen
der **Schal,** die Schals
oder: Schale
die **Schale,** die Schalen
schälen, du schälst
der **Schall**
schalldicht
schallen
die Schallmauer
die Schallplatte
schalten, du schaltest
der Schalter
das Schaltjahr
die Schaltung
sich **schämen,** du schämst dich
die Scham
die **Schande**
der Schandfleck
die **Schanze,** die Schanzen
die **Schar,** die Scharen
scharenweise
scharf, schärfer,
am schärfsten
die Schärfe
schärfen
scharfsinnig
der **Scharlach**
das **Scharnier,** die Scharniere

scharren, du scharrst
der **Schaschlik**
oder: das Schaschlik,
die Schaschliks
der **Schatten,** die Schatten
schattig
die **Schatulle,** die Schatullen
der **Schatz,** die Schätze
die Schatztruhe
schätzen, du schätzt
die Schätzung
schätzungsweise
schauderhaft
schauen, du schaust
das Schaufenster
schaulustig
der **Schauer,** die Schauer
schauerlich
die **Schaufel,** die Schaufeln
schaufeln
schaukeln, du schaukelst
die Schaukel
das Schaukelpferd
der Schaukelstuhl
der **Schaum**
das Schaumbad
schäumen
der Schaumgummi
schaumig
der **Schauspieler,**
die Schauspieler
die **Schauspielerin,**
die Schauspielerinnen

Sche

der **Scheck,** die Schecks
die Scheckkarte
scheckig
die **Scheibe,** die Scheiben
scheibchenweise
der Scheibenwischer
der **Scheich,** die Scheichs
oder: Scheiche
die **Scheide,** die Scheiden
scheiden, du scheidest, er
schied, sie hat geschieden
sich scheiden lassen
die Scheidung
der **Schein,** die Scheine
scheinbar
scheinen, die Sonne
scheint, sie schien,
sie hat geschienen
der Scheinwerfer
scheinheilig
der **Scheitel,** die Scheitel
der Scheitelpunkt
scheitern, du scheiterst
schellen, es schellt
die Schelle
der **Schelm,** die Schelme
schelmisch
das **Schema,** die Schemas
oder: Schemata
der **Schemel,** die Schemel
der **Schenkel,** die Schenkel
schenken, du schenkst
scheppern, es scheppert
die **Scherbe,** die Scherben
der Scherbenhaufen
die **Schere,** die Scheren
scheren
der Scherenschnitt
die **Scherereien**

der **Scherz,** die Scherze
scherzen
die Scherzfrage
scherzhaft
scheu
die Scheu
scheuen
die Scheuklappe
scheuchen, du scheuchst
scheuern, du scheuerst
die **Scheune,** die Scheunen
das Scheunentor
das **Scheusal,** die Scheusale
scheußlich

Schi

der **Schi,** die Schier
oder: Schi
Schi laufen
das Schispringen
die **Schicht,** die Schichten
schichten
schick
schicken, du schickst
das **Schicksal,** die Schicksale
schicksalhaft
schieben, du schiebst,
er schob, sie hat geschoben
das Schiebedach
der **Schiedsrichter,**
die Schiedsrichter
die **Schiedsrichterin,**
die Schiedsrichterinnen
schief
schief gehen
der **Schiefer**
die Schiefertafel
schielen, du schielst
das **Schienbein,**
die Schienbeine
die **Schiene,** die Schienen
schier
schier unmöglich
schießen, du schießt,
er schoss, sie hat
geschossen
das Schießpulver
das **Schiff,** die Schiffe
der Schiffbrüchige,
die Schiffbrüchige
die Schifffahrt
die **Schikane,** die Schikanen
schikanieren
der **Schikoree**
das **Schild** (Verkehrsschild),
die Schilder
der **Schild** (Schutzwaffe),
die Schilde
schildern, du schilderst
die Schilderung
die **Schildkröte,**
die Schildkröten
das **Schilf**
das Schilfrohr
schillern, das Wasser
schillert
der **Schimmel,** die Schimmel
schimmeln, das Brot
schimmelt
der Schimmel
schimmelig oder: schimmlig
schimmern, das Licht
schimmert
der Schimmer

der **Schimpanse,**
die Schimpansen
schimpfen, du schimpfst
das Schimpfwort
die **Schindel,** die Schindeln
der **Schinken,** die Schinken
die **Schippe,** die Schippen
schippen
der **Schirm,** die Schirme

Schl

schlabbern,
du schlabberst
die **Schlacht,** die Schlachten
schlachten, du schlachtest
der Schlachter,
die Schlachterin
schlackern, du schlackerst
mit den Ohren
die **Schläfe,** die Schläfen
schlafen, du schläfst,
er schlief, sie hat
geschlafen
der Schlaf
der Schlafanzug
schlaflos
schläfrig
schlaff
am **Schlafittchen** packen
schlagen, du schlägst,
er schlug, sie hat
geschlagen
der Schlag
schlagartig
die Schlägerei
die Schlagsahne
das Schlagzeug

schief

der **Schlager,** die Schlager
schlagfertig
die **Schlagzeile,**
die Schlagzeilen
der **Schlamassel**
oder: das Schlamassel
der **Schlamm**
schlammig
schlampig
die Schlamperei
die **Schlange,** die Schlangen
Schlange stehen
sich schlängeln
die Schlangenlinie
schlank
schlapp
schlappmachen
das **Schlaraffenland**
schlau
der **Schlauch,** die Schläuche
das Schlauchboot
die **Schlaufe,** die Schlaufen

schlecht
schlecht gelaunt
schlecken, du schleckst
schleichen, du schleichst, er schlich, sie ist geschlichen
der Schleichweg
der **Schleier,** die Schleier
schleierhaft
die **Schleife,** die Schleifen
schleifen (schärfen), du schleifst das Messer, er schliff, sie hat geschliffen
der Schliff
schleifen (über den Boden ziehen), du schleifst die Decke, er schleifte, sie hat geschleift
der **Schleim**
die Schleimhaut
schleimig
schlemmen, du schlemmst
schlendern, du schlenderst
schlenkern, du schlenkerst
schleppen, du schleppst
die Schleppe
schleppend
der Schlepper
im Schlepptau
Schleswig-Holstein
schleudern, du schleuderst
die Schleuder
schleunigst
die **Schleuse,** die Schleusen
schleusen
schlicht
schlichten, du schlichtest
der **Schlick**
schließen, du schließt, er schloss, sie hat geschlossen
das Schließfach
schließlich
schlimm
schlingen, du schlingst, er schlang, sie hat geschlungen
die Schlinge
die Schlingpflanze
der **Schlips,** die Schlipse
der **Schlitten,** die Schlitten
Schlitten fahren
schlittern, du schlitterst
der **Schlittschuh,** die Schlittschuhe
Schlittschuh laufen
der **Schlitz,** die Schlitze
das Schlitzohr
das **Schloss** (Königsschloss), die Schlösser
der Schlossgarten
das **Schloss** (Türschloss), die Schlösser
der **Schlot,** die Schlote
schlottern, du schlotterst
die **Schlucht,** die Schluchten

schlichten

schluchzen, du schluchzt
schlucken, du schluckst
der Schluck
der Schluckauf
die Schluckimpfung
schludern, du schluderst
schlummern,
du schlummerst
schlüpfen, du schlüpfst
der Schlüpfer
das Schlupfloch
schlüpfrig
schlurfen, du schlurfst
schlürfen, du schlürfst
der **Schluss,** die Schlüsse
das Schlusslicht
der **Schlüssel,** die Schlüssel
das Schlüsselbund
oder: der Schlüsselbund
das Schlüsselloch
die **Schlüsselblume,**
die Schlüsselblumen

Schm

schmächtig
schmackhaft
schmal, schmaler oder:
schmäler, am schmalsten
oder: am schmälsten
das **Schmalz**
schmalzig
schmatzen, du schmatzt
schmecken, es schmeckt
schmeicheln,
du schmeichelst
schmeißen, du schmeißt,
er schmiss, sie hat
geschmissen
schmelzen, das Eis
schmilzt, es schmolz,
es ist geschmolzen
das Schmelzwasser
der **Schmerz,** die Schmerzen
schmerzhaft
schmerzlos
die Schmerztablette
der **Schmetterling,**
die Schmetterlinge
schmettern,
du schmetterst
der Schmetterball
schmieden, du schmiedest
der Schmied,
die Schmiedin
das Schmiedeeisen
schmieren, du schmierst
schmierig
der Schmierzettel

A B C D E F G H I J K L M N O P Q R S T U V W X Y Z

sich **schminken,** du schminkst dich
die Schminke
schmirgeln, du schmirgelst
das Schmirgelpapier
schmökern, du schmökerst
der Schmöker
schmollen, du schmollst
schmoren, der Braten schmort
schmücken, du schmückst
der Schmuck
das Schmuckstück
schmuddelig oder: schmuddlig
das Schmuddelwetter
schmuggeln, du schmuggelst
der Schmuggler, die Schmugglerin
schmunzeln, du schmunzelst
schmusen, du schmust
der **Schmutz**
schmutzig

Schn

der **Schnabel,** die Schnäbel
die **Schnake,** die Schnaken
die **Schnalle,** die Schnallen
schnallen
schnalzen, du schnalzt
schnappen, du schnappst
das Schnäppchen
der Schnappschuss
der **Schnaps,** die Schnäpse
die Schnapsidee
schnarchen, du schnarchst
schnattern, die Ente schnattert
schnauben, das Pferd schnaubt
schnaufen, du schnaufst
die **Schnauze,** die Schnauzen
der Schnauzbart
sich **schnäuzen,** du schnäuzt dich
die **Schnecke,** die Schnecken
das Schneckentempo
der **Schnee**
der Schneeball
schneebedeckt
das Schneegestöber
das Schneeglöckchen
die Schneeketten
schneeweiß
schneiden, du schneidest, er schnitt, sie hat geschnitten
der Schneider, die Schneiderin
der Schneidezahn
schneien, es schneit
schnell
die Schnelligkeit
der Schnellimbiss
der Schnellzug
schniefen, du schniefst
schnippeln, du schnippelst
schnippisch
der **Schnitt,** die Schnitte
schnittfest
der Schnittlauch
die Schnittwunde

die **Schnitte,** die Schnitten
das **Schnitzel,** die Schnitzel
schnitzen, du schnitzt
die Schnitzerei
schnorcheln,
du schnorchelst
der Schnorchel
der **Schnörkel,** die Schnörkel
schnüffeln, du schnüffelst
die Schnüffelei
der **Schnuller,** die Schnuller
der **Schnupfen**
schnuppern,
du schnupperst
die **Schnur,** die Schnüre
schnüren
schnurgerade
der Schnürsenkel
schnurstracks
der **Schnurrbart,**
die Schnurrbärte
schnurren, die Katze
schnurrt

Scho

der **Schock,** die Schocks
schocken 
schockiert
die **Schokolade,**
die Schokoladen
der Schokoladenkuchen
der Schokoriegel
die **Scholle,** die Schollen
schon
schön
etwas Schönes
die Schönheit
schonen, du schonst
die Schonung
schonungslos
die Schonzeit
der **Schopf,** die Schöpfe
schöpfen, du schöpfst
der Schöpflöffel
die **Schöpfung**
der **Schorf**
der **Schornstein,**
die Schornsteine
der Schornsteinfeger,
die Schornsteinfegerin
der **Schoß,** die Schöße
der Schoßhund
die **Schote,** die Schoten
der **Schotter**
der Schotterweg

Schr

schräg
die Schräge
die **Schramme,**
die Schrammen
schrammen
der **Schrank,**
die Schränke
die **Schranke,**
die Schranken

der Schokoladenkuchen

Schraube

die **Schraube,** die Schrauben
schrauben
der Schraubenschlüssel
der Schraubenzieher
der Schraubverschluss
der **Schrebergarten,**
die Schrebergärten
der **Schreck** oder: Schrecken,
die Schrecken
das Schreckgespenst
schreckhaft
schrecklich
schreiben, du schreibst,
er schrieb, sie hat
geschrieben
schreibfaul
die Schreibmaschine
die Schreibweise
schreien, du schreist,
er schrie, sie hat geschrien
der Schrei
der Schreihals
der **Schreiner,** die Schreiner
die Schreinerei
die **Schreinerin,**
die Schreinerinnen
schreiten, du schreitest,
er schritt, sie ist geschritten
die **Schrift,** die Schriften
schriftlich
der Schriftsteller,
die Schriftstellerin
schrill
der **Schritt,** die Schritte
das Schritttempo
schrittweise
schroff
der **Schrott**
der Schrottplatz
schrubben, du schrubbst
der Schrubber
schrumpfen,
der Vorrat schrumpft

Schu

der **Schub,** die Schübe
die Schubkarre
die Schubkraft
die Schublade
schubsen, du schubst
der Schubs
schüchtern
die Schüchternheit
der **Schuft,** die Schufte
schuften, du schuftest
der **Schuh,** die Schuhe
der Schuhkarton
die Schuhsohle
die **Schuld**
ich bin schuld
es ist meine Schuld
schuldbewusst
schuldig
der Schuldige,
die Schuldige

schüchtern

die **Schulden**
die **Schule,** die Schulen
die Schularbeiten
der Schulbus
der Schüler, die Schülerin
schulfrei
der Schulhof
das Schuljahr
die Schulstunde
der Schulweg
die **Schulter,** die Schultern
schulterfrei
schummeln,
du schummelst
die Schummelei
schunkeln, du schunkelst
die **Schuppe,** die Schuppen
schuppig
der **Schuppen,** die Schuppen
die **Schürfwunde,**
die Schürfwunden
der **Schurke,** die Schurken
die **Schurkin,** die Schurkinnen
die **Schürze,** die Schürzen
der **Schuss,** die Schüsse
die Schusslinie
die **Schüssel,** die Schüsseln
schusselig
oder: schusslig
der **Schuster,** die Schuster
die **Schusterin,**
die Schusterinnen
der **Schutt**
der Schutthaufen
schütteln, du schüttelst
der Schüttelfrost
schütten, du schüttest
der **Schutz**
das Schutzblech
schützen
der Schutzengel
die Schutzimpfung
schutzlos
der **Schütze,** die Schützen
die **Schützin,** die Schützinnen

Schw

schwabbelig
oder: schwabblig
schwach, schwächer,
am schwächsten
die Schwäche
der Schwachpunkt
der **Schwager,** die Schwäger
die **Schwägerin,**
die Schwägerinnen
die **Schwalbe,** die Schwalben
der **Schwamm,** die Schwämme
schwammig
der **Schwan,** die Schwäne
schwanger
die Schwangere
die Schwangerschaft
schwanken, du schwankst
der **Schwanz,** die Schwänze
die Schwanzflosse
schwänzen, du schwänzt
der **Schwarm,** die Schwärme
schwärmen
schwarz, schwärzer,
am schwärzesten
schwarzfahren
schwarzhaarig
schwarz sehen

schwatzen
oder: schwätzen,
du schwatzt
oder: du schwätzt
der Schwätzer,
die Schwätzerin
das Schwätzchen
schwatzhaft
schweben, du schwebst
der Schwebebalken
Schweden
schwedisch
der **Schweif,** die Schweife
schweigen, du schweigst,
er schwieg, sie hat
geschwiegen
das Schweigen
schweigsam
das **Schwein,** die Schweine
das Schweinefleisch
die Schweinerei 
der **Schweiß**
der Schweißausbruch
schweißgebadet
die Schweißtropfen
schweißen, du schweißt
das Schweißgerät
die **Schweiz**
schweizerisch
schwelen, das Feuer
schwelt
der Schwelbrand
die **Schwelle,** die Schwellen
schwellen, der Knöchel
schwillt, er schwoll, er ist
geschwollen
die Schwellung
schwenken, du schwenkst
der Schwenkbereich
schwer
schwerelos
schwerfällig
schwerhörig
Schwerin
das **Schwert,** die Schwerter
der Schwertfisch
die **Schwester,** die Schwestern
die **Schwiegereltern**
die Schwiegermutter
der Schwiegersohn
die Schwiegertochter
der Schwiegervater
schwierig
die Schwierigkeit
schwimmen, du schwimmst,
er schwamm, sie ist
geschwommen
das Schwimmbecken
der Schwimmer,
die Schwimmerin
die Schwimmflosse
schwindeln,
du schwindelst
der Schwindel
schwindelig
oder: schwindlig
schwindelfrei
schwingen, du schwingst,
er schwang, sie hat
geschwungen
die Schwingung
schwirren, die Mücke
schwirrt
schwitzen, du schwitzt

schwören, du schwörst,
er schwor, sie hat
geschworen
schwül
die Schwüle
der **Schwung,** die Schwünge
schwungvoll
der **Schwur,** die Schwüre

Se

sechs
sechsmal
der Sechste, die Sechste
sechzehn
sechzig
eine Sechs würfeln
der **See** (Binnengewässer),
die Seen
die Seerose
die **See** (Meer)
der Seehund
seekrank
der Seemann
das Seepferdchen
die Seerose
der Seestern
die **Seele,** die Seelen
seelenruhig
seelisch
das **Segel,** die Segel
das Segelboot
das Segelflugzeug
segeln
der **Segen,** die Segen
segnen

sehen, du siehst, er sah,
sie hat gesehen
Sieh!
sehenswert
die Sehenswürdigkeit
die **Sehne,** die Sehnen
sich **sehnen,** du sehnst dich
die Sehnsucht
sehnsüchtig
sehr
sehr gut
sehr viel
sei → sein
sei pünktlich!
seicht
ihr **seid** → sein
die **Seide,** die Seiden
das Seidentuch
seidig
die **Seife,** die Seifen
die Seifenblase
das **Seil,** die Seile
die Seilbahn
seilspringen
der Seiltänzer,
die Seiltänzerin
sein, seine, seiner
sein Fahrrad
seinetwegen

schwindlig

A B C D E F G H I J K L M N O P Q R S T U V W X Y Z

sein, ich bin, du bist, sie ist,
wir sind, ihr seid, er war,
ihr wart, sie ist gewesen,
ich wäre
Sei pünktlich!
seit
seit gestern
seitdem
die **Seite,** die Seiten
seitenlang
die Seitenstraße
seitlich
seitwärts
das **Sekretariat,**
die Sekretariate
der Sekretär, die Sekretärin
der **Sekt**
die **Sekte,** die Sekten
die **Sekunde,** die Sekunden
der Sekundenzeiger

die Sicherheit

selber
selbst
die Selbstbedienung
selbstbewusst
der Selbstlaut
der Selbstmord
selbständig
oder: selbstständig
selbstverständlich
selig
die Seligkeit
der **Sellerie** oder: die Sellerie
selten
die Seltenheit
seltsam
seltsamerweise
die **Semmel,** die Semmeln
der Semmelbrösel
der **Senat,** die Senate
der Senator, die Senatorin
senden, du sendest,
er sandte oder: er sendete,
sie hat gesandt
oder: sie hat gesendet
die Sendung
der **Senf**
der **Senior,** die Senioren
die **Seniorin,** die Seniorinnen
senken, du senkst
senkrecht
die **Sensation,** die Sensationen
sensationell
die **Sense,** die Sensen
der **September**
die **Serie,** die Serien
die **Serpentine,**
die Serpentinen

der **Service**
servieren, du servierst
die Serviette
der **Sessel,** die Sessel
der Sessellift
das **Set** oder: der Set, die Sets
sich **setzen,** du setzt dich
die **Seuche,** die Seuchen
seufzen, du seufzt
der Seufzer
die **Sexualität**
der Sexualkundeunterricht

Sh

das **Shampoo,**
die Shampoos
der **Sheriff,** die Sheriffs
das **Shetlandpony,**
die Shetlandponys
die **Shorts**
die **Show,** die Shows

Si

sich
sich freuen
die **Sichel,** die Sicheln
sicher
die Sicherheit
der Sicherheitsgurt
die Sicherheitsnadel
sicherlich
sichern
die Sicherung
die **Sicht**
sichtbar
sichten
die Sichtweise
sickern, das Wasser sickert
sie
sie läuft
sie laufen
das **Sieb,** die Siebe
sieben
sieben
siebenmal
der Siebte, die Siebte
siebzehn
siebzig
die **Siedlung,** die Siedlungen
der **Sieg,** die Siege
siegen
der Sieger, die Siegerin
die Siegerehrung
siegessicher
das **Siegel,** die Siegel
das **Signal,** die Signale
signalisieren
die **Silbe,** die Silben
das Silbenrätsel
die Silbentrennung
das **Silber**
die Silbermedaille
silbern
der **Silo** oder: das Silo, die Silos
das **Silvester** oder: der Silvester, die Silvester
der Silvesterabend
simpel
sie **sind** → sein
singen, du singst, er sang, sie hat gesungen
der Singvogel
der **Single,** die Singles
der **Singular**

A B C D E F G H I J K L M N O P Q R S T U V W X Y Z

sinken, das Schiff sinkt, es sank, es ist gesunken
der **Sinn,** die Sinne
sinnlos
sinnvoll
die **Sintflut**
die **Sintiza,** die Sinti
der **Sinto,** die Sinti
die **Sippe,** die Sippen
die **Sirene,** die Sirenen
der **Sirup**
die **Sitte,** die Sitten
sittsam
die **Situation,** die Situationen
sitzen, du sitzt, er saß, sie hat gesessen
der Sitz
die Sitzordnung
der Sitzplatz
die Sitzung

Sk

die **Skala,** die Skalen oder: Skalas
der **Skandal,** die Skandale
das **Skateboard,** die Skateboards
das **Skelett,** die Skelette
der **Sketch,** die Sketche
der **Sketsch,** die Sketsche
der **Ski,** die Skier oder: Ski
Ski laufen
das Skispringen
die **Skizze,** die Skizzen
skizzieren
der **Sklave,** die Sklaven
die Sklaverei
die **Sklavin,** die Sklavinnen
der **Skorpion,** die Skorpione
skrupellos
Skrupel haben

Sl

der **Slalom,** die Slaloms
der **Slip,** die Slips
die **Slowakische Republik**
die Slowakei
slowakisch
der **Slum,** die Slums

Sm

der **Smog**
der Smogalarm

So

so
sodass oder: so dass
so genannt
so viele
sobald
die **Socke** oder: der Socken, die Socken
das Söckchen
der **Sockel,** die Sockel
soeben
das **Sofa,** die Sofas
sofort
die Sofortbildkamera
das **Softeis**
die **Software**
sogar
sogleich
die **Sohle,** die Sohlen
der **Sohn,** die Söhne

die Söhne

die **Sojabohne,** die Sojabohnen
solange
Solange ich in der Schule bin, …
so lange
Ich kann so lange lesen, bis …
die **Solarenergie**
die Solarzelle
solch, solche, solcher, solches
der **Soldat,** die Soldaten
die **Soldatin,** die Soldatinnen
sollen, du sollst
das **Solo,** die Solos oder: Soli
der Solist, die Solistin
solo spielen
der **Sommer,** die Sommer
die Sommerferien
sommerlich
die Sommersprosse
das **Sonderangebot,** die Sonderangebote
sonderbar
der **Sondermüll**
sondern
die **Sonderschule,** die Sonderschulen
der **Song,** die Songs
der **Sonnabend**
die **Sonne,** die Sonnen
sich sonnen
der Sonnenbrand
der Sonnenstrahl
das Sonnensystem
sonnig
die **Sonnenblume,** die Sonnenblumen
der **Sonntag**
am Sonntag
am Sonntagabend
sonntags
sonst
sonstige
sonstwo
sooft
Sooft es geht, komme ich.
so oft
Ich habe dir so oft gesagt, dass …
die **Sorge,** die Sorgen
sorgen
sorgfältig

die **Sorte,** die Sorten
sortieren
SOS
der SOS-Ruf
die **Soße,** die Soßen
der **Souffleur,** (!)
die Souffleure
die **Souffleuse,** (!)
die Souffleusen
das **Souvenir,** die Souvenirs (!)
soviel
Soviel ich weiß, …
so viel
so viel Geld
soweit
Soweit ich weiß, …
so weit
es ist so weit zum Mond
sowieso
sowohl
sowohl … als auch …
sozial
die Sozialhilfe

Spa

der **Spaceshuttle,** (!)
die Spaceshuttles
der **Spachtel,** die Spachtel
der **Spagat** oder: das Spagat
die **Spagetti**
die **Spaghetti**
spähen, du spähst
der **Spalt** oder: die Spalte,
die Spalten
spalten
die Spaltung
der **Span,** die Späne
die Spanplatte
die **Spange,** die Spangen
Spanien
spanisch
spannen, du spannst
die Spanne
spannend
die Spannung
sparen, du sparst
die Sparbüchse
spärlich
sparsam
der **Spargel,** die Spargel
der **Spaß,** die Späße
spaßig
der Spaßvogel
spät
spätabends
spätestens
der **Spaten,** die Spaten
der **Spatz,** die Spatzen

spähen

spazieren, du spazierst
spazieren gehen
der Spaziergang

Spe

der **Specht,** die Spechte
der **Speck**
speckig
die Speckschwarte
der **Speer,** die Speere
der Speerwurf
die **Speiche,** die Speichen
der **Speichel**
der **Speicher,** die Speicher
speichern
die **Speise,** die Speisen
die Speisekarte
oder: Speisenkarte
speisen
die Speiseröhre
das **Spektakel,** die Spektakel
spenden, du spendest
die Spende
spendieren
der **Sperling,** die Sperlinge
das **Sperma,** die Spermen
sperren, du sperrst
sperrangelweit
die Sperre
das Sperrholz
der Sperrmüll
sich **spezialisieren,**
du spezialisierst dich
der Spezialist,
die Spezialistin
die Spezialität
speziell

Spi

spicken, du spickst
der Spickzettel
der **Spiegel,** die Spiegel
das Spiegelbild
spiegelglatt
spiegeln
spielen, du spielst
das Spiel
spielerisch
der Spielverderber,
die Spielverderberin
das Spielzeug
der **Spieß,** die Spieße
der Spießbraten
spießig
der **Spinat**
die **Spindel,** die Spindeln
die **Spinne,** die Spinnen
das Spinnennetz
spinnen, du spinnst, er
spann, sie hat gesponnen
das Spinnrad
spionieren, du spionierst
der Spion, die Spionin
die Spionage
die **Spirale,** die Spiralen
spitz
etwas spitzbekommen 
die Spitze
spitzen
der Spitzer
der **Spitzname,** die Spitznamen

Spl

der **Splitter,** die Splitter
splittern

Spo

sponsern, die Sportlerin wird gesponsert
spontan
der **Sport**
die Sportart
der Sportler, die Sportlerin
sportlich
der Sportverein
spotten, du spottest
der Spott
spottbillig
spöttisch

Spr

die **Sprache,** die Sprachen
der Sprachfehler
sprachlos
der **Spray** oder: das Spray, die Sprays
sprayen
sprechen, du sprichst, er sprach, sie hat gesprochen
Sprich!
die Sprechblase
die Sprechstunde
spreizen, du spreizt
sprengen, du sprengst
der Sprengstoff
die Sprengung
das **Sprichwort,** die Sprichwörter
sprießen, das Gras sprießt, es spross, es ist gesprossen
springen, du springst, er sprang, sie ist gesprungen
der Springbrunnen
die Springflut
sprinten, du sprintest
der Sprint
der **Sprit**
spritzen, du spritzt
die Spritze
der Spritzer
spritzig
die Spritzpistole
der **Spross,** die Sprossen
die **Sprosse,** die Sprossen
die Sprossenwand
der **Spruch,** die Sprüche
der **Sprudel,** die Sprudel
sprudeln
sprühen, du sprühst
die Sprühdose
der Sprühregen
der **Sprung,** die Sprünge
das Sprungbrett
die Sprungschanze

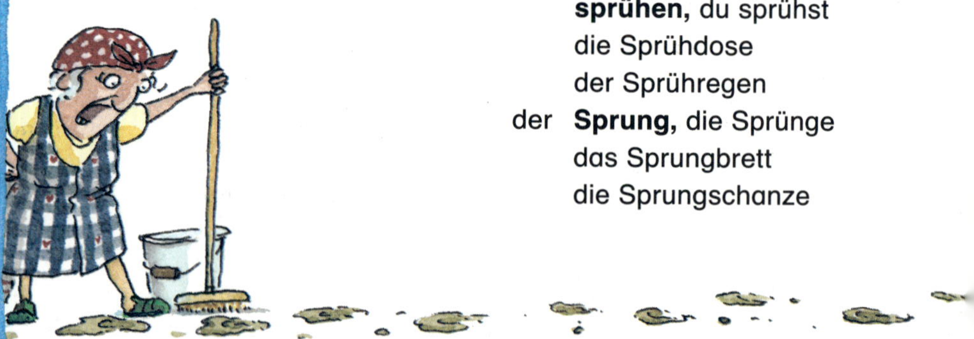

Spu

spucken, du spuckst
die Spucke
der **Spuk**
spuken
das Spukschloss
die **Spule,** die Spulen
spülen, du spülst
die Spüle
die Spülmaschine
die Spülung
die **Spur,** die Spuren
spurlos
der Spurwechsel
spüren, du spürst
der Spürhund
die Spürnase
spurten, du spurtest
der Spurt

Sq

das **Squash**

Sta

der **Staat,** die Staaten
die Staatsangehörigkeit
der Staatsbesuch
der Staatsbürger,
die Staatsbürgerin
staatlich
der **Stab,** die Stäbe
der Stabhochsprung
stabil
der **Stachel,** die Stacheln
die Stachelbeere
der Stacheldraht
stachelig oder: stachlig
das Stachelschwein
das **Stadion,** die Stadien
die **Stadt,** die Städte
stadtbekannt
die Stadtbücherei
städtisch
die Stadtmauer
der Stadtplan
der Stadtrat
der Stadtteil
die **Staffel,** die Staffeln
der Staffellauf
die **Staffelei,** die Staffeleien
der **Stahl**
stahlhart
das Stahlwerk
der **Stall,** die Ställe
der **Stamm,** die Stämme
der Stammbaum
das Stammbuch
der Stammplatz
stammeln, du stammelst
stampfen, du stampfst
der **Stand,** die Stände
standfest
das Standlicht
die Standuhr
das **Standesamt,**
die Standesämter

die Spuren

ständig
die **Stange,** die Stangen
der **Stängel,** die Stängel
stänkern,
du stänkerst
der **Stapel,** die Stapel
stapeln
stapelweise
stapfen, du stapfst
der **Star** (Vogel), die Stare
der **Star** (berühmter Mensch),
die Stars
die Starbesetzung
stark, stärker, am stärksten
die Stärke
stärken
starr
starren
starrköpfig
der Starrsinn
der **Start,** die Starts
die Startbahn
starten
startklar
der Startschuss
die **Station,** die Stationen
statt
stattdessen
die **Stätte,** die Stätten
stattfinden, das Fest findet
statt, es fand statt, es hat
stattgefunden
die **Statue,** die Statuen
der **Stau,** die Staus oder: Staue
der Staudamm
stauen
der Stausee
der **Staub**
Staub saugen
oder: staubsaugen
stauben
staubig
der Staubsauger
die **Staude,** die Stauden
staunen, du staunst

Ste

das **Steak,** die Steaks
stechen, du stichst,
er stach, sie hat gestochen
die Stechmücke
der **Steckbrief,** die Steckbriefe
stecken, du steckst
stecken bleiben
die Steckdose
der Stecker
die Stecknadel
der **Steg,** die Stege
das **Stegreifspiel,**
die Stegreifspiele
stehen, du stehst, er stand,
sie hat gestanden
stehen lassen
der Stehplatz
stehlen, du stiehlst,
er stahl, sie hat gestohlen

der Stempel

steif
steifbeinig
steigen, du steigst, er stieg, sie ist gestiegen
der Steigbügel
die Steigung
die **Steigerung,** die Steigerungen
steigern
die Steigerungsform
steil
die Steilküste
der **Stein,** die Steine
steinalt
der Steinbruch
steinhart
steinig
der Steinpilz
steinreich
die Steinzeit
die **Stelle,** die Stellen
das Stellenangebot
stellenweise
der Stellvertreter, die Stellvertreterin
stellen, du stellst
die **Stelze,** die Stelzen
stemmen, du stemmst
der **Stempel,** die Stempel
das Stempelkissen
stempeln
die **Steppe,** die Steppen
steppen, du steppst
die Steppdecke
sterben, du stirbst, er starb, sie ist gestorben
sterbenskrank
sterbenslangweilig
sterblich
die **Stereoanlage,** die Stereoanlagen
der **Stern,** die Sterne
der Sternenhimmel
sternförmig
sternklar oder: sternenklar
die Sternschnuppe
die Sternwarte
das Sternzeichen
das **Stethoskop,** die Stethoskope
stetig
stets
das **Steuer,** die Steuer
steuern
das Steuerrad
die Steuerung

die **Steuer,** die Steuern
der Steuerberater,
die Steuerberaterin
steuerpflichtig
der **Steward,** die Stewards
die **Stewardess,**
die Stewardessen

Sti

der **Stich,** die Stiche
die Stichprobe
das Stichwort
im **Stich** lassen
sticken, du stickst
die Stickerei
das Stickgarn
der **Sticker,** die Sticker
stickig
der **Stiefel,** die Stiefel
die **Stiefmutter,** die Stiefmütter
das **Stiefmütterchen,**
die Stiefmütterchen
der **Stiefvater,** die Stiefväter
der **Stiel,** die Stiele
der **Stier,** die Stiere
der **Stift,** die Stifte
stiften, du stiftest
die Stiftung
der **Stil,** die Stile
stillos
still
still sitzen
die Stille
der Stille Ozean
stillschweigend
der Stillstand
stillen, sie stillt das Baby
die **Stimme,** die Stimmen
das Stimmband
stimmberechtigt
das Stimmrecht
der Stimmzettel
stimmen, du stimmst
das stimmt
die Stimmgabel
die **Stimmung,**
die Stimmungen
stimmungsvoll
stinken, es stinkt, es stank,
es hat gestunken
stinkfaul
stinklangweilig
die Stinklaune
die **Stirn** oder: Stirne,
die Stirnen
das Stirnband
das Stirnrunzeln

Sto

stöbern, du stöberst
stochern, du stocherst
der **Stock,** die Stöcke
stocksteif
stockdunkel
stocken, der Verkehr stockt
das **Stockwerk,** die Stockwerke
ins Stocken geraten
der **Stoff,** die Stoffe
der Stofffetzen
das Stofftier
stöhnen, du stöhnst
der **Stollen,** die Stollen
stolpern, du stolperst
der Stolperstein

stolz
der Stolz
stolzieren
stopfen, du stopfst
die Stopfnadel
die **Stoppel,** die Stoppeln
der Stoppelbart
das Stoppelfeld
stoppen, du stoppst
Stopp!
das Stoppschild
die Stoppuhr
der **Stöpsel,** die Stöpsel
stöpseln
der **Storch,** die Störche
das Storchennest
stören, du störst
störend
der Störenfried
die Störung
störrisch
die **Story,** die Storys
stoßen, du stößt, er stieß, sie hat gestoßen
der Stoß
der Stoßdämpfer
die Stoßstange
stoßweise
stottern, du stotterst
der Stotterer, die Stotterin

Str

die **Strafe,** die Strafen
die Strafarbeit
strafbar
strafen
der Strafraum
der Strafstoß
der Strafzettel
straff
strahlen, du strahlst
der Strahl
strahlend
die Strahlung
die **Strähne,** die Strähnen
strähnig
stramm
strampeln, das Baby strampelt
das Strampelhöschen
der **Strand,** die Strände
stranden
das Strandgut
der Strandkorb
die **Strapaze,** die Strapazen
strapazieren
die **Straße,** die Straßen
die Straßenbahn
der Straßenname
der Straßenverkehr
die **Strategie,** die Strategien
das Strategiespiel
sich **sträuben,** du sträubst dich
der **Strauch,** die Sträucher

der **Strauß** (Blumenstrauß),
die Sträuße
der **Strauß** (Vogel), die Strauße
das Straußenei
streben, du strebst
der Streber, die Streberin
strebsam
die **Strecke,** die Strecken
sich strecken
Streetball (!)
der **Streich,** die Streiche
streicheln, du streichelst
die Streicheleinheiten
streichen, du streichst,
er strich, sie hat gestrichen
das Streichholz
streifen, du streifst
die Streife
der Streifzug
der **Streifen,** die Streifen
streiken, du streikst
der Streik
streiten, du streitest,
er stritt, sie hat gestritten
der Streit
die Streitigkeiten

streng
die Strenge
der **Stress**
stressig
streuen, du streust
die Streu
die Streuung
streunen, du streunst
der **Strich,** die Striche
stricheln
der **Strick,** die Stricke
die Strickleiter
stricken, du strickst
die Strickjacke
die Stricknadeln
striegeln, du striegelst
der **Striemen,** die Striemen
das **Stroh**
der Strohhalm
der Strohhut
der **Strom** (großer Fluss),
die Ströme
strömen
die Strömung
der **Strom** (Elektrizität)
der Stromausfall
das Stromkabel

die **Strophe,** die Strophen
strotzen, du strotzt
strubbelig oder: strubblig
der **Strudel,** die Strudel
der **Strumpf,** die Strümpfe
die Strumpfhose
struppig

Stu

die **Stube,** die Stuben
stubenrein
das **Stück,** die Stücke
stückeln
stückweise
studieren, du studierst
der Student, die Studentin
das Studium
das **Studio,** die Studios
die **Stufe,** die Stufen
der Stufenbarren
stufenweise
der **Stuhl,** die Stühle
stülpen, du stülpst
stumm
der **Stummel,** die Stummel
der Stummelschwanz
stumpf
stumpfsinnig
der **Stumpf,** die Stümpfe
die **Stunde,** die Stunden
stundenlang
der Stundenplan
stündlich
das **Stuntgirl,** die Stuntgirls !
der **Stuntman,** die Stuntmen !
stupsen, du stupst
die Stupsnase
stur
die Sturheit
der **Sturm,** die Stürme
stürmen
der Stürmer, die Stürmerin
die Sturmflut
stürmisch
die Sturmwarnung
stürzen, du stürzt
der Sturz
der Sturzhelm

die **Stute,** die Stuten
Stuttgart
stutzen, du stutzt
stutzig
stützen, du stützt
die Stütze

Sty

sich **stylen,** du stylst dich
das **Styropor**

Su

das **Subjekt,** die Subjekte
das **Substantiv,** die Substantive
subtrahieren,
du subtrahierst
die Subtraktion
suchen, du suchst
die Suchaktion
die Suche
die Suchmeldung
die **Sucht,** die Süchte
oder: Suchten
süchtig
Südafrika
südafrikanisch

der **Süden**
die Südfrucht
südlich
der Südpol
die Südsee
die **Sühne**
sühnen
die **Summe,** die Summen
summen, du summst
der **Sumpf,** die Sümpfe
sumpfig
die **Sünde,** die Sünden
der Sündenbock
sündhaft teuer
super
das Superbenzin
der Supermarkt
superschlau
der Superstar
die **Suppe,** die Suppen
die Suppenkelle
surfen, du surfst
das Surfbrett
der Surfer, die Surferin
surren, du surrst
süß
die Süße
süßen
die Süßigkeit
süßlich
süßsauer

Sw

das **Sweatshirt,**
die Sweatshirts
der **Swimmingpool,**
die Swimmingpools

Sy

das **Symbol,** die Symbole
symbolisch
symmetrisch
die Symmetrie
die **Sympathie,** die Sympathien
sympathisch
die **Synagoge,** die Synagogen
das **System,** die Systeme
systematisch

Sz

die **Szene,** die Szenen

T

Ta

der **Tabak**
die Tabakpflanze
die **Tabelle,** die Tabellen
die Tabellenführung
der Tabellenplatz
tabellarisch
das **Tablett,** die Tabletts
oder: Tablette
die **Tablette,** die Tabletten
das **Tabu,** die Tabus
tabu sein
der **Tacho,** die Tachos
der Tachometer
oder: das Tachometer
tadeln, du tadelst
der Tadel
tadellos
die **Tafel,** die Tafeln

der **Tag,** die Tage
bei Tag und Nacht
das Tagebuch
tagelang
die Tageszeit
die Tageszeitung
täglich
tagsüber
die **Tagung,** die Tagungen
der **Taifun,** die Taifune
die **Taille,** die Taillen
der **Takt,** die Takte
taktlos
die **Taktik,** die Taktiken
taktisch
das **Tal,** die Täler
die Talfahrt
die Talsperre
das **Talent,** die Talente
der **Taler,** die Taler
der **Talisman,** die Talismane
die **Talkshow,**
die Talkshows
der Talkmaster,
die Talkmasterin
das **Tamburin,** die Tamburine
der **Tampon,** die Tampons
das **Tandem,** die Tandems
der **Tang,** die Tange
tanken, du tankst
der Tank
der Tanker
die Tankstelle
die **Tanne,** die Tannen
die Tannennadel
der Tannenzapfen
die **Tante,** die Tanten
tanzen, du tanzt
der Tanz
tänzeln
der Tänzer, die Tänzerin
die Tanzschule
das **Tape** oder: der Tape,
die Tapes
die **Tapete,** die Tapeten
tapezieren
tapfer
die Tapferkeit
tappen, du tappst
tapsig
sich **tarnen,** du tarnst dich
die Tarnung
die **Tasche,** die Taschen
das Taschenbuch
das Taschengeld
der Taschenrechner
das Taschentuch
die **Tasse,** die Tassen
die **Taste,** die Tasten
die Tastatur
tasten, du tastest
die **Tat,** die Taten
der Täter, die Täterin
der Tatort
tätig
die Tätigkeit
das Tätigkeitswort
tätowieren, du tätowierst
die Tätowierung
die **Tatsache,** die Tatsachen
tatsächlich
die **Tatze,** die Tatzen
der **Tau** (Niederschlag)
der Tautropfen

das **Tau** (Seil), die Taue
das Tauziehen
taub
die **Taube,** die Tauben
tauchen, du tauchst
der Taucher, die Taucherin
die Taucherausrüstung
tauen, es taut
die **Taufe,** die Taufen
taufen
der Taufpate, die Taufpatin
taugen, das Gerät
taugt nichts
tauglich
taumeln, du taumelst
tauschen, du tauschst
der Tausch
sich **täuschen,** du täuschst dich
die Täuschung
der Täuschungsversuch
tausend
tausend Mark
tausendmal
der Tausendmarkschein
der **Tausendfüßer,**
die Tausendfüßer
der Tausendfüßler
das **Taxi,** die Taxis

Te

das **Team,** die Teams
die Teamarbeit
die **Technik,** die Techniken
der Techniker,
die Technikerin
technisch
die Technologie
der **Techno** oder: das Techno
der **Teddy,** die Teddys
der Teddybär
der **Tee,** die Tees
der Teebeutel
das Teelicht
der Teelöffel
der **Teenager,** die Teenager
der Teenie oder: Teeny
der **Teer**
teeren
der **Teich,** die Teiche
der **Teig,** die Teige
teigig
teilen, du teilst
der Teil oder: das Teil
zum Teil
teilbar
der Teiler
die Teilung
teilweise

die Theke

teilnehmen, du nimmst teil, er nahm teil, sie hat teilgenommen
die Teilnahme
der Teilnehmer, die Teilnehmerin
das **Telefax,** die Telefaxe
das **Telefon,** die Telefone
telefonieren
telefonisch
die Telefonkarte
die Telefonzelle
das **Telegramm,** die Telegramme
der **Teller,** die Teller
der **Tempel,** die Tempel
das **Temperament,** die Temperamente
temperamentvoll
die **Temperatur,** die Temperaturen
das **Tempo,** die Tempos oder: Tempi
das Tempolimit
das **Tennis**
Tennis spielen
das Tennismatch
das Tennisturnier
der **Teppich,** die Teppiche
der Teppichboden
der **Termin,** die Termine
der Terminkalender
das **Terrarium,** die Terrarien
die **Terrasse,** die Terrassen
der **Terror**
terrorisieren
der Terrorismus
der **Test,** die Tests oder: Teste
testen
das **Testament,** die Testamente
teuer
der **Teufel,** die Teufel
teuflisch
der **Text,** die Texte
die Textaufgabe

Th

das **Theater,** die Theater
die Theateraufführung
das Theaterstück
die **Theke,** die Theken
das **Thema,** die Themen oder: Themata
die **Theorie,** die Theorien
theoretisch
die **Therapie,** die Therapien
das **Thermalbad,** die Thermalbäder
das **Thermometer,** die Thermometer
die **Thermosflasche,** die Thermosflaschen
der **Thermostat,** die Thermostate
die **Thora**
der **Thron,** die Throne
der **Thunfisch,** die Thunfische
Thüringen
der **Thymian**

Ti

der **Tick,** die Ticks
ticken, die Uhr tickt
das **Ticket,** die Tickets

tief
die Tiefe
die Tiefgarage
tiefgekühlt
die Tiefkühltruhe
das **Tier,** die Tiere
der Tierarzt, die Tierärztin
tierlieb
die Tierquälerei
der Tierschutz
der **Tiger,** die Tiger
die **Tinte,** die Tinten
der Tintenfisch
der Tintenfleck
der **Tipp,** die Tipps
der Tippzettel
tippen, du tippst
der Tippfehler
tipptopp
der **Tisch,** die Tische
die Tischdecke
der Tischler, die Tischlerin
das Tischtennis
der **Titel,** die Titel
das Titelbild
der Titelverteidiger

To

der **Toast,** die Toaste
oder: Toasts
das Toastbrot
toasten
der Toaster
toben, du tobst
tobsüchtig
der Tobsuchtsanfall
die **Tochter,** die Töchter
der **Tod**
todernst
die Todesgefahr
der Todfeind, die Todfeindin
todkrank
tödlich
todsicher
der **Tofu**
die **Toilette,** die Toiletten
das Toilettenpapier
tolerant
toll
die Tollkirsche
tollen, du tollst
der **Tollpatsch,** die Tollpatsche
tollpatschig
die **Tollwut**
tollwütig
die **Tomate,** die Tomaten
das Tomatenmark
die Tomatensauce
oder: Tomatensoße
die **Tombola,** die Tombolas
der **Ton** (Lehm)
das Tongefäß
der **Ton** (Laut), die Töne
die Tonart
tönen
der Tonfall
die Tonleiter
tönen, du tönst die Haare
die Tönung
die **Tonne** (t), die Tonnen
tonnenweise
der **Topf,** die Töpfe
der Topflappen
die Topfpflanze

der Tobsuchtsanfall

töpfern, du töpferst
die Töpferei
topfit
das **Tor,** die Tore
der Torbogen
der Torwart, die Torwartin
der **Torf**
töricht
torkeln, du torkelst
der **Tornado,** die Tornados
die **Torte,** die Torten
die **Tortellini**
tosen, der Sturm tost
tot
sich tot stellen
der Tote, die Tote
töten
totenblass
sich totlachen
totenstill
total
der Totalschaden
die **Tour,** die Touren
die Tournee
der **Tourist,** die Touristen
der Tourismus
die **Touristin,**
die Touristinnen

Tr

traben, das Pferd trabt
der Trab
die **Tracht,** die Trachten
die **Tradition,** die Traditionen
der **Trafo,** die Trafos
der Transformator
träge oder: träg
die Trägheit
tragen, du trägst, er trug,
sie hat getragen
die Tragbahre
die Tragfläche
tragisch
trainieren, du trainierst
der Trainer, die Trainerin
das Training
der Trainingsanzug
der **Traktor,** die Traktoren

trampeln, du trampelst
der Trampelpfad
das Trampeltier
trampen, du trampst (!)
das **Trampolin,** die Trampoline
die **Träne,** die Tränen
tränenüberströmt
tränken, du tränkst
die Tränke
transparent
das Transparentpapier
transportieren,
du transportierst
der Transport
transportfähig
das **Trapez,** die Trapeze
tratschen, du tratschst
der Tratsch
die **Traube,** die Trauben
der Traubenzucker
sich **trauen,** du traust dich
trauern, du trauerst
die Trauer
träufeln, du träufelst
der **Traum,** die Träume
träumen
traumhaft
das Traumpaar
traurig
die Traurigkeit
die **Trauung,** die Trauungen
der Trauzeuge,
die Trauzeugin
der **Trecker,** die Trecker
treffen, du triffst, er traf,
sie hat getroffen
das Treffen
treffend
der Treffer
der Treffpunkt
treiben, du treibst, er trieb,
sie hat getrieben
das Treiben
das Treibhaus
der Treibstoff
trennen, du trennst
sich trennen
trennbar
der Trennstrich
die Trennung
die Trennwand
die **Trense,** die Trensen
die **Treppe,** die Treppen
treppauf und treppab
das Treppengeländer
das Treppenhaus
der **Tresor,** die Tresore

treten, du trittst, er trat, sie hat getreten
das Tretboot
treu
die Treue
treuherzig
treulos
der **Triangel,** die Triangel
die **Tribüne,** die Tribünen
der Tribünenplatz
der **Trichter,** die Trichter
trichterförmig
der **Trick,** die Tricks
der Trickfilm
der **Trieb,** die Triebe
triefen, du triefst
triefnass
das **Trikot,** die Trikots
trillern, du trillerst
die Trillerpfeife

sich **trimmen,** du trimmst dich
der Trimm-dich-Pfad
trinken, du trinkst, er trank, sie hat getrunken
trinkbar
das Trinkgeld
das Trinkwasser
der **Trip,** die Trips
trist
der **Tritt,** die Tritte
das Trittbrett
der **Triumph,** die Triumphe
triumphieren
trocken
die Trockenheit
trocknen
der Trockner
der **Trödel**
der Trödelmarkt
trödeln, du trödelst
der **Trog,** die Tröge
die **Trommel,** die Trommeln
das Trommelfell
trommeln
die **Trompete,** die Trompeten
die **Tropen**
tropisch
tropfen, der Hahn tropft
tröpfeln
der Tropfen
die Tropfsteinhöhle
die **Trophäe,** die Trophäen
der **Trost**
trösten
trostlos
das Trostpflaster
der Trostpreis

trotz
trotz allem
trotzdem
trotzig
trotzen
trübe oder: trüb
trübselig
der **Trubel**
die **Truhe,** die Truhen
die **Trümmer**
der Trümmerhaufen
der **Trumpf,** die Trümpfe
die **Truppe,** die Truppen
der **Truthahn,** die Truthähne

Ts

der **Tsatsiki** oder: das Tsatsiki
die **Tschechische Republik**
Tschechien
tschechisch
tschüs oder: tschüss
das **T-Shirt,** die T-Shirts

Tu

die **Tube,** die Tuben
das **Tuch,** die Tücher
tüchtig
die Tüchtigkeit
tuckern, das Boot tuckert
tückisch
die Tücke
tüfteln, du tüftelst
der Tüftler, die Tüftlerin
die **Tulpe,** die Tulpen
sich **tummeln,** du tummelst dich
der Tummelplatz
der **Tumor,** die Tumoren
der **Tümpel,** die Tümpel
der **Tumult,** die Tumulte
tun, du tust, er tat,
sie hat getan
das Tun
das Tunwort oder: Tuwort
Tunesien
tunesisch
der **Tunfisch,** die Tunfische
tunken, du tunkst
der **Tunnel,** die Tunnel
oder: Tunnels
tupfen, du tupfst
die **Tür,** die Türen
die Türklinke
der Türrahmen
der **Turban,** die Turbane
die **Turbine,** die Turbinen
turbulent
Türkei
türkisch
türkis
der **Turm,** die Türme
turmhoch
die Turmuhr
turnen, du turnst
der Turner, die Turnerin
der Turnverein
das Turnzeug
das **Turnier,** die Turniere
die **Tusche,** die Tuschen
tuscheln, du tuschelst
die **Tüte,** die Tüten

Ty

der **Typ,** die Typen
typisch

U

Ub

die **U-Bahn,** die U-Bahnen
die Untergrundbahn
übel
etwas übel nehmen
das Übel
die Übelkeit
üben, du übst
die Übung
über
überall
der **Überblick**
überblicken
übereinander
übereinander legen
überempfindlich
der **Überfall,** die Überfälle
überfallen
überflüssig
der Überfluss
die **Übergabe,** die Übergaben
übergeben
der **Übergang,** die Übergänge
übergeschnappt
das **Übergewicht**
überhaupt
überheblich
überholen, du überholst
die Überholspur
das Überholverbot
überlegen, du überlegst
die Überlegung
überlisten, du überlistest
übermorgen
übermorgen Abend
übermorgen früh
übermüdet
die Übermüdung
übermütig
der Übermut
übernachten,
du übernachtest
die Übernachtung
überqueren, du überquerst
überraschen,
du überraschst
überraschend
überrascht
die Überraschung
überreden → reden
die Überredungskunst
überreichen → reichen
die Überreichung
überschaubar
die **Überschrift,**
die Überschriften
überschwänglich
die **Überschwemmung,**
die Überschwemmungen
übersetzen, du übersetzt
die Übersetzung
übersichtlich
die Übersicht
überstimmen → stimmen
die **Überstunde,**
die Überstunden
übertreiben, du übertreibst,
er übertrieb, sie hat
übertrieben
die Übertreibung

A B C D E F G H I J K L M N O P Q R S T U V W X Y Z

a b c d e f g h i j k l m n o p q r s t u v w x y z

überwältigen,
du überwältigst
überwältigend
überweisen, du überweist,
er überwies, sie hat
überwiesen
die Überweisung
überwinden,
du überwindest,
er überwand, sie hat
überwunden
sich überwinden
die Überwindung
überwintern, das Tier
überwintert
überzeugen, du überzeugst
die Überzeugung
üblich
das **U-Boot,** die U-Boote
das Unterseeboot
übrig
übrig bleiben
übrigens
die **Übung,** die Übungen
die Übungsstunde

Uf

das **Ufer,** die Ufer
uferlos
das **Ufo,** die Ufos

die Ufos

Uh

die **Uhr,** die Uhren
drei Uhr
das Uhrwerk
die Uhrzeit
der **Uhu,** die Uhus

Ul

ulkig
die **Ulme,** die Ulm
der **Ultraschall**

Um

um
um drei Uhr
umarmen, du umarmst
umblättern, du blätterst um
umbringen, du bringst um,
er brachte um, sie hat
umgebracht
umdrehen → drehen
die Umdrehung
der **Umfang,** die Umfänge
umfangreich
die **Umfrage,** die Umfragen
der **Umgang**
die Umgangssprache
die **Umgebung,**
die Umgebungen
umgeben
umgehen, du umgehst,
er umging, sie hat umgangen
die Umgehungsstraße
umgekehrt
der **Umhang,** die Umhänge
umhängen
die Umhängetasche

umkehren, du kehrst um
der **Umkleideraum,** die Umkleideräume
umkrempeln, du krempelst um
der **Umlaut,** die Umlaute
umleiten → leiten
die Umleitung
umranden, du umrandest
die Umrandung
umrechnen → rechnen
die Umrechnung
der **Umriss,** die Umrisse
der **Umsatz,** die Umsätze
der **Umschlag,** die Umschläge
umso
umso besser
umsonst
umständlich
sich **umstellen,** du stellst dich um
die Umstellung
umtauschen → tauschen
der Umtausch
der **Umweg,** die Umwege
die **Umwelt**
umweltfreundlich
der Umweltschutz
die Umweltverschmutzung
umziehen, du ziehst um, er zog um, sie ist umgezogen
sich umziehen
der **Umzug,** die Umzüge

Un

unabhängig
die Unabhängigkeit
unangenehm
unauffällig
unausgeschlafen
unausstehlich
unbarmherzig
unbedingt
unbekannt
unbeliebt
unbemannt
unbenutzt
unbeobachtet
unbequem
unberechenbar
unbeschreiblich
unbewaffnet
unbezahlbar
und
undankbar
undeutlich
undicht
undurchsichtig
unendlich
unentschieden
unentschuldigt
unerlaubt
unerträglich
unerwartet
unerwünscht
unfair
der **Unfall,** die Unfälle
die Unfallgefahr
die Unfallursache

unfassbar
unfreundlich
der **Unfug**
Unfug treiben
Ungarn
ungarisch
ungeduldig
die Ungeduld
ungefähr
ungefährlich
das **Ungeheuer,** die Ungeheuer
ungenügend
ungerade
ungerecht
die Ungerechtigkeit
ungeschickt
ungeschminkt
ungesund
ungewaschen
ungewiss
die Ungewissheit
ungewöhnlich
ungewohnt
das **Ungeziefer**
ungiftig
unglaublich
das **Unglück,** die Unglücke
unglücklich
der Unglücksfall
der Unglücksrabe
ungültig
ungünstig
unheimlich
unhöflich
die Unhöflichkeit
unhygienisch
die **Uniform,** die Uniformen

uninteressant
die **Universität,**
die Universitäten
unklar
unkonzentriert
das **Unkraut**
unleserlich
unlogisch
unmodern
unmöglich
unnachgiebig
unnötig
das **Unrecht**
unregelmäßig
unreif
die Unreife
unruhig
die Unruhe
uns, unser, unsere
unschuldig
die Unschuld
der Unschuldsengel
unsicher
die Unsicherheit
unsichtbar
der **Unsinn**
unten
unter
unter anderem
untereinander
unterbrechen,
du unterbrichst,
er unterbrach, sie hat
unterbrochen
die Unterbrechung
die **Unterbringung,**
die Unterbringungen

ungerecht

unterdrücken,
du unterdrückst
die Unterdrückung

die **Unterführung,**
die Unterführungen

der **Untergang**

unterhalb

der **Unterhalt**
Unterhalt zahlen

unterhalten,
du unterhältst,
er unterhielt, sie hat
unterhalten
sich unterhalten
unterhaltsam
die Unterhaltung

die **Unterhose,** die Unterhosen

unterirdisch

die **Unterkunft,** die Unterkünfte

unternehmen,
du unternimmst,
er unternahm, sie hat
unternommen
unternehmungslustig

das **Unternehmen,**
die Unternehmen

der **Unterricht**
unterrichten
unterrichtsfrei
die Unterrichtsstunde

unterscheiden,
du unterscheidest,
er unterschied, sie hat
unterschieden
die Unterscheidung

der **Unterschied,**
die Unterschiede
unterschiedlich

der **Unterschlupf**
unterschlüpfen

die **Unterschrift,**
die Unterschriften

unterstreichen → streichen
die Unterstreichung

unterstützen → stützen
die Unterstützung

untersuchen,
du untersuchst
die Untersuchung

die **Untertasse,** die Untertassen

die **Unterteilung,**
die Unterteilungen

die **Unterwäsche**
unterwegs
untreu
die Untreue
unüberlegt
unübersichtlich
ununterbrochen
unverdünnt
unvergesslich
unvernünftig
die Unvernunft
unverschämt
die Unverschämtheit
unverständlich
unvorsichtig
unvorteilhaft
unwahrscheinlich
das **Unwetter,** die Unwetter
unzählig
unzertrennlich
unzufrieden
die Unzufriedenheit
unzuverlässig

Up

üppig

Ur

uralt
der **Uranus**
der **Urenkel,** die Urenkel
die **Urenkelin,** die Urenkelinnen
urgemütlich
die **Urgroßeltern**
die Urgroßmutter
der Urgroßvater
der **Urin**
die **Urkunde,** die Urkunden
der **Urlaub,** die Urlaube
die Urlaubsreise
der **Urmensch,** die Urmenschen
die **Urne,** die Urnen
die **Ursache,** die Ursachen
der **Ursprung,** die Ursprünge
ursprünglich
das **Urteil,** die Urteile
urteilen
der Urteilsspruch
der **Urwald,** die Urwälder
die **Urzeit**
seit Urzeiten

Us

die **USA**
die United States of America

Uv

die **UV-Strahlen**
die ultravioletten Strahlen

V

Va

die **Vagina,** die Vaginen
der **Vampir,** die Vampire
die **Vanille**
das Vanilleeis
der Vanillepudding
die **Vase,** die Vasen

der **Vater,** die Väter
väterlich
das Vaterunser
der **Vatikan**

Ve

vegetarisch
der Vegetarier,
die Vegetarierin
das **Veilchen,** die Veilchen
veilchenblau
die **Vene,** die Venen
das **Ventil,** die Ventile
der **Ventilator,**
die Ventilatoren
die **Venus**
sich **verabreden,**
du verabredest dich
die Verabredung
sich **verabschieden,**
du verabschiedest dich
die Verabschiedung
verachten, du verachtest
die Verachtung
die **Veranda,** die Veranden
verändern → ändern
veränderlich
die Veränderung
die **Veranstaltung,**
die Veranstaltungen
veranstalten
die **Verantwortung**
verantworten
verantwortlich
das **Verb,** die Verben
der **Verband,** die Verbände
der Verbandskasten
die **Verbannung,**
die Verbannungen
verbergen, du verbirgst,
er verbarg, sie hat
verborgen
verbessern,
du verbesserst
die Verbesserung
sich **verbeugen,**
du verbeugst dich
die Verbeugung
verbieten, du verbietest,
er verbot, sie hat verboten
verbinden, du verbindest,
er verband, sie hat
verbunden
die Verbindung
verblüfft
das **Verbot,** die Verbote
das Verbotsschild
der **Verbrauch**
verbrauchen
der Verbraucher,
die Verbraucherin
das **Verbrechen,** die Verbrechen
der Verbrecher,
die Verbrecherin
verbrennen → brennen
die Verbrennung
der **Verdacht**
verdächtig
verdächtigen
die Verdächtigung
Verdammt! 
verdattert
verdauen, du verdaust
die Verdauung

a b c d e f g h i j k l m n o p q r s t u v w x y z

das **Verdeck,** die Verdecke
verdecken
verderben, die Wurst verdirbt, sie verdarb, sie ist verdorben
den Spaß verderben
verdienen, du verdienst
der Verdienst
verdoppeln, du verdoppelst
die Verdoppelung oder: Verdopplung
verdunkeln, du verdunkelst
verdünnen, du verdünnst
die Verdünnung
verdunsten, das Wasser verdunstet
die Verdunstung
verdutzt
verehren, du verehrst
der **Verein,** die Vereine
vereinbaren, du vereinbarst
die Vereinbarung
die **Vereinigung,** die Vereinigungen
vereinigen
vereint

der **Verfall**
verfallen
das Verfallsdatum
verfassen, du verfasst
der Verfasser, die Verfasserin
die **Verfassung,** die Verfassungen
verfolgen → folgen
die Verfolgung
die Verfolgungsjagd
vergammelt
die **Vergangenheit**
vergeben, du vergibst, er vergab, sie hat vergeben
die Vergebung
vergessen, du vergisst, er vergaß, sie hat vergessen
Vergiss mich nicht!
vergesslich
die **Vergiftung,** die Vergiftungen
vergiften
das **Vergissmeinnicht,** die Vergissmeinnicht oder: Vergissmeinnichte

vergleichen

vergleichen, du vergleichst, er verglich, sie hat verglichen
der Vergleich
vergleichbar
die Vergleichsform
das **Vergnügen**
sich vergnügen
vergnügt
vergrößern, du vergrößerst
die Vergrößerung
verhaften, der Polizist verhaftet
die Verhaftung
das **Verhalten**
sich verhalten
das **Verhältniswort,** die Verhältniswörter
verhandeln, du verhandelst
die Verhandlung
sich **verhaspeln,** du verhaspelst dich
verhasst
verhätscheln, du verhätschelst
verheimlichen, du verheimlichst
verheiratet
verhext
verhindern, du verhinderst
die Verhinderung
das **Verhör,** die Verhöre
die **Verhütung**
sich **verirren,** du verirrst dich
verkabelt
verkaufen → kaufen
der Verkauf
der Verkäufer, die Verkäuferin
verkäuflich
der **Verkehr**
verkehrsberuhigt
das Verkehrschaos
die Verkehrserziehung
die Verkehrsinsel
verkehrssicher
der Verkehrsunfall
das Verkehrszeichen
verkehrt
sich **verkleiden,** du verkleidest dich
die Verkleidung
verknotet
verkorkst
verkracht
verkrampft
der **Verlag,** die Verlage
verlangen, du verlangst
verlängern, du verlängerst
die Verlängerung
die Verlängerungsschnur
verlassen, du verlässt, er verließ, sie hat verlassen
sich verlassen
die Verlassenheit
verlegen
die Verlegenheit
verleihen → leihen
der Verleih
die Verleihung

verletzen, du verletzt
sich verletzen
verletzt
der Verletzte, die Verletzte
die Verletzung
die Verletzungsgefahr

sich **verlieben,** du verliebst dich
verliebt
die Verliebten

verlieren, du verlierst,
er verlor, sie hat verloren
der Verlierer, die Verliererin

das **Verlies,** die Verliese

die **Verlobung,**
die Verlobungen
sich verloben

verlockend

verloren
verloren gehen

die **Verlosung,**
die Verlosungen
verlosen

der **Verlust,** die Verluste

die **Vermehrung**
sich vermehren

vermeiden → meiden
vermeidbar

vermieten → mieten
der Vermieter,
die Vermieterin

vermissen, du vermisst
der Vermisste,
die Vermisste

das **Vermögen,** die Vermögen

vermuten, du vermutest
vermutlich
die Vermutung

vernachlässigen,
du vernachlässigst

die **Vernehmung,**
die Vernehmungen
vernehmen
vernehmungsfähig

vernichten, du vernichtest

vernünftig
die Vernunft

verpacken → packen
die Verpackung

verpassen, du verpasst

verpesten, die Abgase
verpesten
die Luft

verpflegen → pflegen
die Verpflegung

vermieten

die **Verpflichtung,**
die Verpflichtungen
sich verpflichten
verplempern,
du verplemperst Zeit
der **Verputz**
verquer
verraten, du verrätst,
er verriet, sie hat verraten
der Verrat
der Verräter, die Verräterin
verräterisch
sich **verrechnen,**
du verrechnest dich
verregnet
die **Verrenkung,**
die Verrenkungen
verrenken
verrostet
verrückt
der **Vers,** die Verse
versagen, du versagst
versammeln → sammeln
sich versammeln
die Versammlung
der **Versand**
der Versandhauskatalog
versäumen, du versäumst
das Versäumnis
sich **verschanzen,**
du verschanzt dich
verscheuchen
→ scheuchen
verschieden
verschiedenartig
die Verschiedenheit
verschlafen
sich **verschlechtern,**
der Zustand
verschlechtert sich
die Verschlechterung
verschleimt
verschlucken
→ schlucken
sich verschlucken
der **Verschluss,**
die Verschlüsse
verschmust
verschmutzt
verschmutzen
die Verschmutzung
verschnaufen
→ schnaufen
die Verschnaufpause
verschneit
verschnupft
verschreiben, der Arzt
verschreibt
sich verschreiben
verschwenden,
du verschwendest
verschwenderisch
die Verschwendung
verschwiegen
die Verschwiegenheit
verschwinden,
du verschwindest,
er verschwand, sie ist
verschwunden
verschwitzt
verschwommen
die **Verschwörung,**
die Verschwörungen
sich verschwören

das **Versehen**
aus Versehen
versehentlich
die **Versetzung,**
die Versetzungen
versetzt werden
verseuchen, der Fluss ist verseucht
die **Versicherung,**
die Versicherungen
versichern
sich **versöhnen,**
du versöhnst dich
die Versöhnung
versorgen, du versorgst
die Versorgung
sich **verspäten,**
du verspätest dich
die Verspätung
verspielt
versprechen,
du versprichst,
er versprach, sie hat versprochen
sich versprechen
das Versprechen
der **Verstand**
sich **verständigen,**
du verständigst dich
die Verständigung
verständlich
das **Verständnis**
verständnisvoll
die **Verstärkung,**
die Verstärkungen
Verstärkung holen
der Verstärker

vertrauen

verstaubt
verstaucht
die Verstauchung
das **Versteck,** die Verstecke
verstecken
Verstecken spielen
das Versteckspiel
verstehen, du verstehst,
er verstand, sie hat verstanden
die **Versteinerung,**
die Versteinerungen
die **Verstopfung,**
die Verstopfungen
verstopfen
der **Versuch,** die Versuche
versuchen
der Versuchsballon
die Versuchung
verteidigen, du verteidigst
sich verteidigen
der Verteidiger,
die Verteidigerin
die Verteidigung
verteilen → teilen
die Verteilung

der **Vertrag,** die Verträge
der Vertragsbruch
sich **vertragen,**
du verträgst dich,
er vertrug sich, sie hat
sich vertragen
verträglich
vertrauen, du vertraust
das Vertrauen
vertrauensselig
vertrauenswürdig
vertraut
verträumt
vertreiben → treiben
die Vertreibung
vertreten, du vertrittst,
er vertrat, sie hat vertreten
der Vertreter, die Vertreterin
die Vertretung
die Vertretungsstunde
verunglücken,
du verunglückst
verursachen,
du verursachst
der Verursacher,
die Verursacherin
verurteilen, du verurteilst
die Verurteilung
verwahren, du verwahrst
verwahrlost
die Verwahrlosung
verwaist
verwalten, du verwaltest
die Verwaltung
die **Verwandlung,**
die Verwandlungen
verwandeln

verwandt
der Verwandte,
die Verwandte
die Verwandtschaft
verwarnen → warnen
die Verwarnung
verwechseln,
du verwechselst
verwechselbar
die Verwechselung
oder: Verwechslung
verweigern → weigern
die Verweigerung
der **Verweis,** die Verweise
verwelkt
verwenden, du verwendest,
er verwendete oder:
er verwandte, sie hat
verwendet oder: sie hat
verwandt
verwendbar
die Verwendungs-
möglichkeit
verwerten, du verwertest
verwertbar
die Verwertung
verwirrt
verwirren
verwirrend
das Verwirrspiel
die Verwirrung
verwöhnen, du verwöhnst
verwöhnt
verwundert
verwundet
verwundbar
die Verwundung

die **Verwüstung,**
die Verwüstungen
verwüsten
verwüstet
verzaubern → zaubern
verzaubert
das **Verzeichnis,**
die Verzeichnisse
verzeihen, du verzeihst,
er verzieh, sie hat
verziehen
Verzeihung!
sich **verzetteln,**
du verzettelst dich
verzichten, du verzichtest
der Verzicht
die **Verzierung,**
die Verzierungen
verzieren
verzögern → zögern
die Verzögerungstaktik
verzweifeln,
du verzweifelst
verzweifelt
die Verzweiflung
der **Vetter,** die Vettern

verzichten

Vi

das **Video,** die Videos
der Videoclip
die Videokassette
der Videorecorder
oder: Videorekorder
der Videotext
die Videothek
das **Vieh**
die Viehherde
die Viehzucht
viel, mehr, am meisten
viel mehr
das Vielfache
vielfältig
der Vielfraß
vielmals
vielseitig
vielleicht
vier
der Vierbeiner
das Viereck
viermal
das Viertel
um Viertel vor zwölf
die Viertelstunde
vierzehn
vierzig
die **Villa,** die Villen
violett
die **Violine,** die Violinen
der Violinschlüssel
der **Virus** oder: das Virus,
die Viren
die Virusinfektion
das **Visum,** die Visa
oder: Visen

das **Vitamin,** die Vitamine
die Vitamintablette

Vo

der **Vogel,** die Vögel
die Vogelbeere
das Vogelhäuschen
die Vogelscheuche
das Vogelschutzgebiet
die **Vokabel,** die Vokabeln
das Vokabelheft
der **Vokal,** die Vokale
das **Volk,** die Völker
die Völkerverständigung
die Volkshochschule
die Volksmusik
voll
eine Hand voll
voll stopfen
das Vollbad
der Vollbart
das Vollblut
volljährig
das Vollkornbrot
der Volltreffer
vollzählig
der **Volleyball,** die Volleybälle
Volleyball spielen
völlig
vollkommen
vollständig
voltigieren, du voltigierst
vom (von dem)
ein Stück vom Kuchen
von
von klein auf
Von wegen!
voneinander
voneinander lernen
vor
vor allem
voran
vorankommen
voraus
im Voraus
vorausfahren
die Voraussage
die **Voraussetzung,**
die Voraussetzungen
voraussichtlich
vorbei
vorbeibringen
vorbeischauen
vorbereiten,
du bereitest vor
sich vorbereiten
die Vorbereitung
vorbestellen → bestellen
die Vorbestellung
vorbeugen, du beugst vor
die Vorbeugung
das **Vorbild,** die Vorbilder
vorbildlich

A B C D E F G H I J K L M N O P Q R S T U V W X Y Z

a b c d e f g h i j k l m n o p q r s t u v w x y z

vordere
die vordere Reihe
der Vordergrund
der Vordermann
das Vorderrad
voreilig
voreinander
sich voreinander fürchten
vorerst
der **Vorfahr** oder: Vorfahre, die Vorfahren
die **Vorfahrt**
die Vorfahrtstraße
oder: Vorfahrtsstraße
der **Vorfall,** die Vorfälle
die **Vorfreude**
die **Vorführung,** die Vorführungen
vorführen
vorgestern
vorgestern Abend
der **Vorhang,** die Vorhänge
vorher
die Vorhersage
vorhin
vorige
voriges Jahr
vorkommen, es kommt vor, es kam vor, es ist vorgekommen
vorläufig
vorlaut
vorlesen → lesen
der Vorlesewettbewerb
vorletzte
die vorletzte Seite
der Vorletzte, die Vorletzte

die **Vorliebe,** die Vorlieben
vorlieb nehmen
vorm (vor dem)
vorm Essen
der **Vormittag,** die Vormittage
am Vormittag
gestern Vormittag
vormittags
eines Vormittags
der Sonntagvormittag
vorne oder: vorn
von vorn beginnen
von vornherein
vornüber
der **Vorname,** die Vornamen
vornehm
sich **vornehmen,** du nimmst dir vor, er nahm sich vor, sie hat sich vorgenommen
der **Vorort,** die Vororte
der **Vorrat,** die Vorräte
vorrätig
der Vorratsschrank
die **Vorrunde,** die Vorrunden
vors (vor das)
vors Haus
der **Vorsatz,** die Vorsätze
vorsätzlich
die **Vorschau**
der **Vorschlag,** die Vorschläge
vorschlagen
die **Vorschrift,** die Vorschriften
vorschriftsmäßig
die **Vorschule,** die Vorschulen
das Vorschulalter

vorsichtig
die Vorsicht
vorsichtshalber
die **Vorsilbe,** die Vorsilben
die **Vorspeise,** die Vorspeisen
der **Vorsprung,** die Vorsprünge
die **Vorstellung,** die Vorstellungen
vorstellbar
sich vorstellen
der **Vorteil,** die Vorteile
vorteilhaft
der **Vortrag,** die Vorträge
vortragen
vorüber
vorübergehen
vorübergehend
das **Vorurteil,** die Vorurteile
der **Vorverkauf,** die Vorverkäufe
die **Vorwahl,** die Vorwahlen
die **Vorwarnung,** die Vorwarnungen
vorwärts
vorwärts gehen
der Vorwärtsgang
vorwiegend
das **Vorwort**
der **Vorwurf,** die Vorwürfe
vorwurfsvoll
vorzeitig
der **Vorzug,** die Vorzüge
vorzüglich

Vu

der **Vulkan,** die Vulkane

W

Wa

die **Waage,** die Waagen
waagerecht
oder: waagrecht
die Waagschale
wabbelig oder: wabblig
die **Wabe,** die Waben
wach
sich wach halten
die Wache
wachen
wachsam
der Wächter, die Wächterin
der **Wacholder**
die Wacholderbeere
das **Wachs**
die Wachskerze
der Wachsmalstift
wachsweich
wachsen, du wächst, er wuchs, sie ist gewachsen
das Wachstum
wackeln, du wackelst
wackelig oder: wacklig
der Wackelkontakt
der Wackelpudding
die **Wade,** die Waden
der Wadenwickel
die **Waffe,** die Waffen
der Waffenstillstand
die **Waffel,** die Waffeln
das Waffeleisen

a b c d e f g h i j k l m n o p q r s t u v w x y z

wagen, du wagst
waghalsig
das Wagnis
der **Wagen,** die Wagen
der Wagenheber
der **Waggon,** die Waggons
der **Wagon,** die Wagons
wählen, du wählst
die Wahl
der Wähler, die Wählerin
das Wahlgeheimnis
das Wahllokal
wahlweise
der **Wahnsinn**
wahnsinnig
wahr
die Wahrheit
während
währenddessen
wahrnehmen,
du nimmst wahr,
er nahm wahr, sie hat
wahrgenommen
die Wahrnehmung
wahrsagen, du wahrsagst
oder: du sagst wahr
der Wahrsager,
die Wahrsagerin
wahrscheinlich
die Wahrscheinlichkeit
die **Währung,** die Währungen
die Währungsunion
das **Wahrzeichen,**
die Wahrzeichen
die **Waise,** die Waisen
das Waisenkind
der **Wal,** die Wale
der **Wald,** die Wälder
der Waldbrand
der Waldrand
das Waldsterben
der **Walkman,**
die Walkmans
oder: Walkmen
der **Wall,** die Wälle
die **Walnuss,** die Walnüsse
das **Walross,** die Walrosse
die **Walze,** die Walzen
walzen
sich **wälzen,** du wälzt dich
der **Walzer**
Walzer tanzen
die **Wand,** die Wände
der Wandschrank
die Wandtafel
sich **wandeln,**
du wandelst dich
der Wandel
die Wandlung
wandern, du wanderst
der Wanderer
oder: Wandrer, die Wanderin
oder: Wandrerin
der Wandertag
die Wanderung
die **Wange,** die Wangen
wanken, du wankst
wann
die **Wanne,** die Wannen
die **Wanze,** die Wanzen
das **Wappen,** die Wappen
sich **wappnen,**
du wappnest dich
ich **war** → sein

wasserdicht

ich **wäre** → sein
die **Ware,** die Waren
das Warenhaus
warm, wärmer, am wärmsten
warm halten
die Wärme
sich wärmen
die Wärmflasche
warmherzig
warnen, du warnst
das Warndreieck
das Warnsignal
die Warnung
du **warst** → sein
ihr **wart** → sein
warten, du wartest
der Wartesaal
die Warteschlange
das Wartezimmer
der **Wärter,** die Wärter
die **Wärterin,** die Wärterinnen
warum
die **Warze,** die Warzen
was
waschen, du wäschst, er wusch, sie hat gewaschen
das Waschbecken
die Wäsche
der Wäschetrockner
der Waschlappen
die Waschmaschine
das Waschpulver
das **Wasser**
wasserdicht
der Wasserfall
der Wassergraben
der Wasserhahn
wässerig oder: wässrig
die Wasserleitung
der Wassermann
wasserscheu
die Wasserverschmutzung
waten, du watest
watscheln, die Ente watschelt
das **Watt**
das Wattenmeer
die Wattwanderung
die **Watte**
der Wattebausch

Wc

das **WC,** die WCs
das Wasserklosett

We

weben, du webst
der Webrahmen

wechseln, du wechselst
der Wechsel
das Wechselgeld
wechselhaft
wecken, du weckst
der Wecker
wedeln, der Hund wedelt
weder
weder … noch …
weg
weggehen
weggucken
wegnehmen
wegräumen
wegwerfen
der **Weg,** die Wege
der Wegweiser
wegen
weh
es tut mir weh
wehleidig
die **Wehe,** die Wehen
wehen, die Flagge weht
sich **wehren,** du wehrst dich
wehrlos
das **Weib,** die Weiber
weiblich
weich
weich gekocht
die **Weiche,** die Weichen
weichen, du weichst,
er wich, sie ist gewichen
die **Weide,** die Weiden
weiden
die Weidenkätzchen
sich **weigern,** du weigerst dich
die Weigerung

weihen, der Priester weiht
die Weihe
der Weihrauch
der **Weiher,** die Weiher
das **Weihnachten**
oder: die Weihnacht
weihnachtlich
der Weihnachtsabend
das Weihnachtsfest
der Weihnachtsstern
die Weihnachtszeit
weil
die **Weile**
ein Weilchen
der **Wein**
die Weinlese
die Weintraube
weinen, du weinst
weinerlich
weise
die Weisheit
der Weisheitszahn
weissagen
die **Weise,** die Weisen
die Art und Weise
weisen, du weist, er wies,
sie hat gewiesen
weiß
das Weißbrot
zur Weißglut bringen
weißhaarig
weit
von weitem
die Weite
weitläufig
weitsichtig
der Weitsprung

weiter
ohne weiteres
weiterhin
weitersagen
der **Weizen**
der Weizenkeim
das Weizenmehl
welche, welcher, welches
welken, die Rose welkt
welk
die **Welle,** die Wellen
das Wellenbad
wellig
die Wellpappe
der **Wellensittich,**
die Wellensittiche
der **Welpe,** die Welpen
die **Welt,** die Welten
das Weltall
weltberühmt
der Weltkrieg
der Weltmeister,
die Weltmeisterin
der Weltraum
der Weltrekord
weltweit
die Dritte Welt
wem
Wem gehört das?
der Wemfall

wen
Wen triffst du?
der Wenfall
wenden, du wendest,
er wendete oder: er wandte,
sie hat gewendet
oder: sie hat gewandt
die Wende
die Wendeltreppe
wendig
die Wendung
wenig
zu wenig
das wenigste
wenigstens
wenn
Wenn du gehst, ...
wer
Wer liest das?
der Werfall
werben, du wirbst, er warb,
sie hat geworben
der Werbespot
die Werbung
werden, du wirst, sie wird,
er wurde, sie ist geworden,
ich würde
werfen, du wirfst, er warf,
sie hat geworfen
die **Werft,** die Werften

weitersagen

das **Werk,** die Werke
werken
die Werkstatt
der Werktag
werktags
das Werkzeug
der **Wert,** die Werte
viel wert sein
wertlos
die Wertsachen
die Wertung
wertvoll
das **Wesen,** die Wesen
wesentlich
die **Weser**
weshalb
die **Wespe,** die Wespen
das Wespennest
der Wespenstich
wessen
Wessen Buch ist das?
der Wessenfall
die **Weste,** die Westen
der **Westen**
westlich
der Westwind
weswegen
wetten, du wettest
der Wettbewerb
die Wette
der Wettkampf
das Wettrennen
das **Wetter**
der Wetterbericht
wetterfest
die Wettervorhersage
wetzen, du wetzt

Wi

wichtig
wickeln, du wickelst
der Wickel
der Wickelrock
der **Widder,** die Widder
wider
der Widerhaken
die Widerrede
widerspenstig
widersprechen
der Widerspruch
der Widerstand
widerwillig
widmen, du widmest
die Widmung
wie
wie viel
wie weit
das Wiewort
wieder
wieder finden
wiederholen
die Wiederholung
sich wieder sehen
das Wiedersehen
die Wiedervereinigung
die **Wiege,** die Wiegen
das Wiegenlied
wiegen, du wiegst, er wog,
sie hat gewogen
wiehern, das Pferd
wiehert
Wiesbaden
die **Wiese,** die Wiesen
das **Wiesel,** die Wiesel
wieso

der **Wikinger,** die Wikinger
die **Wikingerin,**
die Wikingerinnen
wild
das Wild
wildfremd
die Wildnis
das Wildschwein
der **Wille**
willkommen
willkürlich
die Willkür
wimmeln, es wimmelt
wimmern, das Baby
wimmert
der **Wimpel,** die Wimpel
die **Wimper,** die Wimpern
der **Wind,** die Winde
die Windbö oder: Windböe
windig
die Windmühle
die Windrichtung
die Windschutzscheibe
die Windstärke
windstill
die **Windel,** die Windeln

sich **winden,** du windest dich,
er wand sich, sie hat
sich gewunden
die Windung
die **Windpocken**
der **Winkel,** die Winkel
winkelig oder: winklig
winken, du winkst
der Wink
winseln, der Hund winselt
der **Winter,** die Winter
winterfest
der Wintergarten
winterlich
der Winterschlaf
der Wintersport
der **Winzer,** die Winzer
die **Winzerin,** die Winzerinnen
winzig
wippen, du wippst
die Wippe
wir
der **Wirbel,** die Wirbel
die Wirbelsäule
wirbeln, du wirbelst
der Wirbelsturm

das Wettrennen

a b c d e f g h i j k l m n o p q r s t u v w x y z

er **wird** → werden
wirken, die Medizin wirkt
wirksam
die Wirkung
wirklich
die Wirklichkeit
wirr
der Wirrwarr
der **Wirsing,** die Wirsings
du **wirst** → werden
der **Wirt,** die Wirte
die Wirtschaft
das Wirtshaus
die **Wirtin,** die Wirtinnen
wischen, du wischst
der Wischlappen
wispern, du wisperst
wissen, du weißt,
er wusste, sie hat gewusst
wissbegierig
wissenswert
das **Wissen**
die Wissenschaft
der Wissenschaftler,
die Wissenschaftlerin
wittern, du witterst
die **Witwe,** die Witwen
der **Witwer,** die Witwer

der **Witz,** die Witze
der Witzbold
witzig
witzlos

Wo

wo
woanders
wobei
die **Woche,** die Wochen
das Wochenende
wochenlang
der Wochenmarkt
der Wochenplan
der Wochentag
wochentags
wöchentlich
wodurch
wofür
die **Woge,** die Wogen
wogen
woher
wohin
wohl
sich wohl fühlen
das Wohl
der Wohlstand
wohltätig
wohlwollend
wohnen, du wohnst
wohnlich
das Wohnmobil
der Wohnort
die Wohnung
der Wohnwagen
das Wohnzimmer
der **Wolf,** die Wölfe

die **Wolke,** die Wolken
der Wolkenbruch
der Wolkenkratzer
wolkig
die **Wolle**
die Wolldecke
der Wollknäuel
oder: das Wollknäuel
wollen, du willst, er wollte, sie hat gewollt
womit
die **Wonne,** die Wonnen
woran
worauf
worin
der **Workshop,** die Workshops
das **Wort,** die Wörter
die Wortart
der Wortbaustein
das Wörterbuch
die Wortfamilie
das Wortfeld
wörtlich
wortlos
der Wortschatz
der Wortstamm
worüber
wovon
wovor
wozu

Wr

das **Wrack,** die Wracks
wringen, du wringst, er wrang, sie hat gewrungen

die Wirkung

Wu

wuchern, das Unkraut wuchert
der **Wuchs**
die **Wucht**
wuchtig
wühlen, du wühlst
die Wühlmaus
die **Wunde,** die Wunden
wund
das **Wunder,** die Wunder
wunderbar
die Wunderkerze
sich wundern
wunderschön
der **Wunsch,** die Wünsche
sich wünschen
wunschlos
der Wunschzettel
die **Wünschelrute,** die Wünschelruten
ich **wurde** → werden
ich **würde** → werden
die **Würde**
würdevoll
würdigen
die Würdigung

der **Wurf,** die Würfe
der **Würfel,** die Würfel
würfeln
der Würfelbecher
das Würfelspiel
der Würfelzucker
würgen, du würgst
der **Wurm,** die Würmer
die **Wurst,** die Würste
das Würstchen
der Wurstsalat
der Wurstzipfel
die **Wurzel,** die Wurzeln
der Wurzelballen
würzen, du würzt
die Würze
würzig
wuschelig
der Wuschelkopf
die **Wüste,** die Wüsten
wüst
die **Wut**
der Wutanfall
wüten
wütend
wutschnaubend

X

die **X-Beine**
x-beinig oder: X-beinig
x-beliebig
x-mal
zum **x-ten** Mal
das **Xylophon,** die Xylophone

Y

die **Yacht,** die Yachten
der **Yeti,** die Yetis
das **Ypsilon,** die Ypsilons
die **Yucca,** die Yuccas

Z

Za

die **Zacke** oder: der Zacken, die Zacken
zackig
Zack, zack!
zaghaft
zäh
zähflüssig
die Zähigkeit
die **Zahl,** die Zahlen
die Zahlenfolge
die Zahlenkombination
zahllos
zahlreich
das Zahlwort
zahlen, du zahlst
die Zahlung
das Zahlungsmittel
zählen, du zählst
zählbar
der Zähler
zahm
zähmen
die Zähmung

der **Zahn,** die Zähne
der Zahnarzt,
die Zahnärztin
der Zahnbelag
die Zahnbürste
zähnefletschend
zähneknirschend
die Zahnpasta
die Zahnschmerzen
die Zahnspange
die **Zange,** die Zangen
sich **zanken,** du zankst dich
der Zank
zänkisch
zapfen, du zapfst
der Zapfhahn
die Zapfsäule
der **Zapfen,** die Zapfen
das Zäpfchen
zappeln, du zappelst
zappelig oder: zapplig
zart
zartbitter
zärtlich
die Zärtlichkeit
zaubern, du zauberst
der Zauber
die Zauberei
der Zauberer, die Zauberin
zauberhaft
das Zauberkunststück
das **Zaumzeug,**
die Zaumzeuge
der **Zaun,** die Zäune
der Zaunkönig
der Zaunpfahl
das **Zaziki**

Ze

das **Zebra,** die Zebras
der Zebrastreifen
die **Zecke,** die Zecken
der **Zeh** oder: die Zehe,
die Zehen
der Zehennagel
auf Zehenspitzen gehen
zehn
die Zehn
die Zehnerkarte
der Zehnkampf
zehnmal
der Zehnmarkschein
das Zehnpfennigstück
das **Zeichen,** die Zeichen
die Zeichensetzung
die Zeichensprache
zeichnen, du zeichnest
der Zeichenblock
der Zeichentrickfilm
die Zeichnung
zeigen, du zeigst
der Zeigefinger
der Zeiger
die **Zeile,** die Zeilen
die **Zeit,** die Zeiten
eine Zeit lang
von Zeit zu Zeit
das Zeitalter
die Zeitform
zeitig
die Zeitlupe
die Zeitverschwendung
das Zeitwort
die **Zeitschrift,**
die Zeitschriften

die **Zeitung,** die Zeitungen
die Zeitungsanzeige
der Zeitungsartikel
das Zeitungspapier
die **Zelle,** die Zellen
das **Zelt,** die Zelte
zelten
das Zeltlager
der **Zement**
zementieren
die **Zensur,** die Zensuren
zensieren
der **Zentimeter** (cm), die Zentimeter
das Zentimetermaß
der **Zentner,** die Zentner
zentnerschwer
zentral
die Zentrale
die Zentralheizung
das **Zentrum,** die Zentren
der **Zeppelin,** die Zeppeline
zerbrechlich
zerfleddert
zerknirscht
zerknüllen, du zerknüllst
zerkratzt
zerlegen, du zerlegst
die Zerlegung
zerren, du zerrst
die Zerrung
zerstören, du zerstörst
zerstörerisch
die Zerstörung
die Zerstörungswut
zerstreut
die Zerstreuung
zerstritten
zetern, du zeterst
der **Zettel,** die Zettel
der Zettelkasten
die Zettelwirtschaft
der **Zeuge,** die Zeugen
die Zeugenaussage
zeugen, ein Kind wird gezeugt
die Zeugung
die **Zeugin,** die Zeuginnen
das **Zeugnis,** die Zeugnisse
die Zeugnisausgabe
die Zeugniskonferenz

Zi

zickig 
im **Zickzack**
die **Ziege,** die Ziegen
der Ziegenbock
der Ziegenkäse
der **Ziegel,** die Ziegel
der Ziegelstein
ziehen, du ziehst, er zog, sie hat gezogen
der Ziehbrunnen
die Ziehharmonika
die Ziehung
das **Ziel,** die Ziele
zielen
die Zielgerade
ziellos
die Zielscheibe
zielsicher
zielstrebig
ziemlich
sich **zieren,** du zierst dich

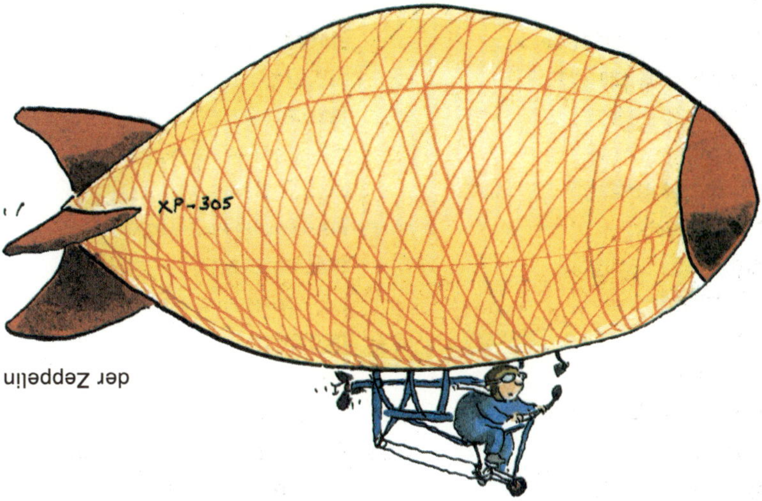

der Zeppelin

zierlich
die **Ziffer,** die Ziffern
das Zifferblatt
zig
zig Leute
zigmal
die **Zigarette,** die Zigaretten
die **Zigarre,** die Zigarren
das **Zimmer,** die Zimmer
die Zimmerlautstärke
zimperlich
der **Zimt**
die Zimtstange
das **Zink**
das **Zinn**
der **Zins,** die Zinsen
der **Zipfel,** die Zipfel
die Zipfelmütze
zirka (ca.)
der **Zirkus,** die Zirkusse
das Zirkuszelt
der **Zirkel,** die Zirkel
das Zirkeltraining
zirpen, die Grille zirpt

zischen, die Schlange zischt
die **Zitrone,** die Zitronen
der Zitronenfalter
zitronengelb
die Zitronenlimonade
die **Zitrusfrucht,** die Zitrusfrüchte
zittern, du zitterst
zitterig oder: zittrig
die Zitterpartie
zivil
der Zivildienst

Zo

der **Zoff**
Zoff haben
zögern, du zögerst
ohne Zögern
zögernd
der **Zoll,** die Zölle
zollfrei
der **Zollstock,** die Zollstöcke

die **Zone,** die Zonen
der **Zoo,** die Zoos
der **Zopf,** die Zöpfe
der **Zorn**
der Zornesausbruch
zornig
zottelig oder: zottlig
der Zottelbär

Zu

zu
zu Hause
zu viel
zu wenig
zuallererst
zuallerletzt
das **Zubehör**
der **Zuber,** die Zuber
zubereiten,
du bereitest zu
die Zubereitung
die **Zucchini** !
oder: der Zucchino,
die Zucchini
züchten, du züchtest
Hunde
die Zucht
die Züchtung
zucken, der Blitz zuckt
der **Zucker**
zuckerkrank
das Zuckerrohr
die Zuckerrübe
zuckersüß
die Zuckerwatte
zueinander
zu Ende
zuerst
der **Zufall,** die Zufälle
zufällig
die **Zuflucht**
zufrieden
der **Zug,** die Züge
die Zugverbindung
die **Zugabe,** die Zugaben
der **Zugang,** die Zugänge
die **Zugbrücke,**
die Zugbrücken
zugeben, du gibst zu,
er gab zu, sie hat
zugegeben
der **Zügel,** die Zügel
zugig
zügig
zu Hause
dein Zuhause
zuhören → hören
der Zuhörer, die Zuhörerin

zurückkommen

a b c d e f g h i j k l m n o p q r s t u v w x y z

die **Zukunft**
zukünftig
die Zukunftspläne
zulassen → lassen
zulässig
die Zulassung
zuletzt
zu guter Letzt
zuliebe
dir zuliebe
zum (zu dem)
zum Beispiel (z. B.)
zum Essen kommen
zum Teil (z. T.)
zumindest
zumuten, du mutest zu
zumutbar
zunächst
der **Zuname,** die Zunamen
zünden, du zündest
zündeln
zündend
das Zündholz
die Zündkerze
die Zündung
zunehmen, du nimmst zu, er nahm zu, sie hat zugenommen
zunehmend
die **Zuneigung**
die **Zunft,** die Zünfte
die **Zunge,** die Zungen
der Zungenbrecher
zunichte
zunichte machen
zuordnen → ordnen
die Zuordnung
zupfen, du zupfst
das Zupfinstrument
zur (zu der)
zur Freundin gehen
sich **zurechtfinden** → finden
zurück
zurückkommen
es gibt kein Zurück
die **Zusage,** die Zusagen
zusammen
zusammenarbeiten → arbeiten
die Zusammenarbeit
der **Zusammenbruch,** die Zusammenbrüche
zusammenfassen, du fasst zusammen
die Zusammenfassung
der **Zusammenhang,** die Zusammenhänge
zusammenhängend
zusammenschreiben → schreiben
die Zusammenschreibung
zusammensetzen, du setzt zusammen
die Zusammensetzung
zusammenstoßen → stoßen
der Zusammenstoß
zusätzlich
der Zusatz
die Zusatzzahl
zuschauen → schauen
der Zuschauer, die Zuschauerin
die Zuschauertribüne

A B C D E F G H I J K L M N O P Q R S T U V W X Y Z

die **Zuschrift,** die Zuschriften
der **Zuschuss,** die Zuschüsse
der **Zustand,** die Zustände
zuständig
zustimmen → stimmen
die Zustimmung
die **Zutat,** die Zutaten
zutiefst
zutrauen, du traust zu
das Zutrauen
zutraulich
der **Zutritt**
zuverlässig
die Zuverlässigkeit
zuversichtlich
zuvor
zuvorkommen
die **Zuwendung,**
die Zuwendungen
zuwider

Zw

der **Zwang,** die Zwänge
zwanglos
zwanzig
der Zwanzigmarkschein
zwar
der **Zweck,** die Zwecke
zwecklos
zweckmäßig

zwei
die Zwei
eine Zwei schreiben
das Zweibettzimmer
zweifarbig
das Zweipfennigstück
zweiteilig
der **Zweifel,** die Zweifel
zweifellos
zweifeln
der **Zweig,** die Zweige
der **Zwerg,** die Zwerge
das Zwergkaninchen
die **Zwetsche,**
die Zwetschen
die **Zwetschge,**
die Zwetschgen
zwicken, du zwickst
die **Zwickmühle,**
die Zwickmühlen
der **Zwieback,** die Zwiebäcke
oder: Zwiebacke

zwecklos

die **Zwiebel,** die Zwiebeln
der **Zwilling,** die Zwillinge
zwingen, du zwingst mich,
er zwang mich, sie hat
mich gezwungen
der Zwinger
zwinkern, du zwinkerst
zwischen
zwischendurch
der Zwischenfall
die Zwischenmahlzeit
der Zwischenraum
zwitschern, der Vogel
zwitschert
zwölf
die Zwölf
zwölfmal
der Zwölfzylindermotor

Zy

der **Zyklus,** die Zyklen
der **Zylinder,** die Zylinder
der Zylinderhut

A B C D E F G H I J K L M N O P Q R S T U V W X Y Z

Schwierige Wörter

Es gibt Wörter, die habens in sich. Sie sehen harmlos aus, werden aber häufig falsch geschrieben. Hier ein Trainingsprogramm: ein paar Wörter abdecken, auswendig aufschreiben, vergleichen, verbessern. Wenn du jedes Wort auf ein Kärtchen schreibst, kannst du die, die du richtig geschrieben hast, zur Seite legen. Die falsch geschriebenen Wörter übst du immer wieder mit – so lange, bis du alle Wörter richtig schreiben kannst.

ab
abends
aber
alle
als
auf einmal
aus
außen
außer
bald
bin, ich bin
bis
bloß

da
dann
dass, ich weiß, dass
dein
denn
dich
dieses
dir
dort
draußen
durch
ein bisschen
etwa
euer

fällt, er fällt
fiel, sie fiel
fort
früh
für
ganz
gar
gestern
habe, ich habe
hat, sie hat
hatte, er hatte
heute
hier
holt, sie holt
ihm
ihn
ihnen
ihr
jetzt
kam, er kam
kein
kommt, sie kommt
las, sie las
liest, er liest
links
mal
man

mehr
mein
meistens
mich
mir
musste, sie musste
nach
nächste
nahm, er nahm
nämlich
nein
nicht
nichts
nie
noch
oft
ohne
passiert, es passiert
plötzlich
rechts
sah, sie sah
schon
sehr
seid, ihr seid
sein
seit, seit gestern
sich
sieht, sie sieht
sind, sie sind
so
sofort
sonst
spät
stets
trotz
trotzdem
ungefähr
unter
viel
vielleicht
von
vor
während
wann
war, sie war
wäre, er wäre
weg
wenig
wie viel
wieder
will, er will
wollte, sie wollte
ziemlich
zuletzt

Wörter, die schwer zu finden sind

Es gibt Wörter, die man im Wörterbuch schwer findet, weil sie anders ausgesprochen als geschrieben werden. Besonders schwierig ist es, wenn das am Wortanfang so ist. Wenn du „Jeans“ sagst, hörst du am Anfang des Wortes „Dschi“. Unter D findest du aber keine „Jeans“. Da hilft nur Nachdenken und Suchen, oder diese Liste, in der die Wörter zusammengestellt sind, die am schwierigsten zu finden sind.

die Action
das Aerobic
Aids
der Airbag
die Aubergine

das Baby
die Band
der Boiler
der Bon
das Bonbon
die Boutique
der Boy
die Bronze
der Buggy
der Burger
der Button

campen
catchen
der Champion
die Chance
der Clown
cool
die Couch
der Count-down
der Cousin
die Cousine
der Cowboy
das Cowgirl
das Croissant
der Curry
der Cursor

die E-Mail

fair
der Fan
das Foul

der Gag
der Gangster
das Gelee
sich genieren
das Girl
das Girokonto
die Grapefruit

das Handy
happy

der Ingenieur
die Ingenieurin

die Jalousie
die Jeans

der Jeep
der Job
der Jockey
joggen
der Joker
jonglieren
der Journalist
die Journalistin
der Joystick
der Jumbo
die Jury

das Keyboard

der Laptop
der Laser
live
die Loipe

die Longe
der Looping

der Macho
das Make-up
der Manager
die Managerin
das Match
das Mountainbike
das Musical

okay
die Orange
out
das Outfit
der Outsider

der Personal-
computer
das Play-back
die Pommes frites

die Power
das Puzzle
der Pyjama

die Rallye
die Ranch
rangieren
das Recycling
die Regie
relaxen
das Restaurant

sich revanchieren
die Roulade
die Route
der Rowdy
das Rugby
die Rushhour

der Safe
die Saison
das Sandwich
die Sauce
der Scanner
der Sciencefiction-
film
der Service
das Shampoo
der Sheriff
das Shetlandpony
die Shorts
die Show
der Single

das Skateboard
der Slum
der Souffleur
die Souffleuse
das Souvenir
der Spaceshuttle
der Spray

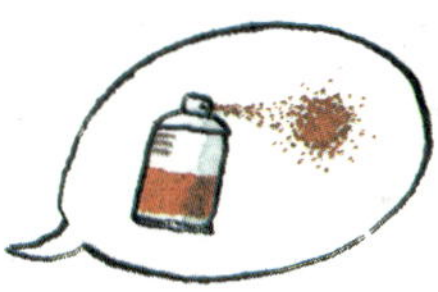

das Squash
das Steak
der Steward
die Stewardess
Streetball
das Stuntgirl
der Stuntman
surfen
das Sweatshirt
die Szene

die Taille
die Talkshow
das Tape
das Team
der Techno
der Teenager
der Toast
die Toilette
die Tour
der Tourist
die Touristin
trainieren
trampen
das T-Shirt

die United States
of America

der Walkman
der Workshop

die Zucchini

Sage es anders ...

Die folgende Liste ist eine Wortschatzliste, in der du nach dem Wort stöbern kannst, das du gerade brauchst. Fehlt dir eins, um ein anderes zu ersetzen, das du schon mehrmals in deinem Text verwendet hast? Oder suchst du ein Wort, das treffender sagt, was du eigentlich meinst? Es kann auch vorkommen, dass dir beim Rätselraten nicht mehr der passende Ausdruck für eine bestimmte Sache einfällt. In dieser Wortschatzkiste findest du ihn vielleicht.

A

anfangen oder anbrechen, anpacken, die Arbeit aufnehmen, beginnen, einsteigen, entstehen, eröffnen, loslegen, in Schwung kommen, starten

angeben oder sich aufblasen, aufschneiden, brüsten, prahlen, protzen, übertreiben, wichtig machen

Angst haben oder den Atem anhalten, Bammel haben, bangen, beben, bibbern, entsetzt sein, erschauern, erschrecken, sich fürchten, eine Gänsehaut bekommen, sich gruseln, Lampenfieber haben, den Mut verlieren, in Panik geraten, schaudern, schlottern, sich Sorgen machen, zittern

antworten oder Auskunft geben, beantworten, eingehen auf, einwerfen, entgegnen, erwidern, Kontra geben, sich melden, reagieren, widersprechen

aufmerksam oder achtsam, gespannt, hilfsbereit, höflich, konzentriert, umsichtig, vertieft, wachsam, zuvorkommend

sich aufregen oder sich ärgern, ausflippen, sich empören, sich entrüsten, sich ereifern, explodieren, fuchsteufelswild werden, aus der Haut fahren, in die Luft gehen, die Wände hochgehen, vor Wut platzen, wütend sein

beenden oder abbrechen, abschließen, aufgeben, aufhören, auflösen, beschließen, einstellen, zu Ende bringen, fertig machen, Schluss machen, einen Schlussstrich ziehen

bekommen oder empfangen, entgegennehmen, ergattern, erhalten, gewinnen, kriegen

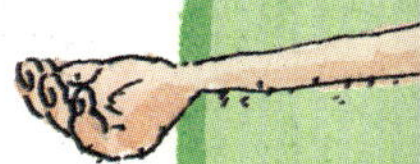

beschreiben oder ausmalen, darstellen, erklären, erörtern, erzählen, formulieren, mitteilen, nacherzählen, schildern, verdeutlichen, wiedergeben

blöd oder begriffsstutzig, dämlich, doof, dumm, dümmlich, dusselig, einfältig, schwer von Begriff, töricht, unbegabt, unerfahren

böse oder abscheulich, bitterböse, bösartig, boshaft, ekelhaft, fies, frech, garstig, gehässig, gemein, gemeingefährlich, heimtückisch, hinterhältig, niederträchtig, sauer, schlimm, übel, unartig, unfreundlich, verärgert, wütend, zornig

brennen oder anbrennen, entfachen, Feuer fangen, flackern, in Flammen aufgehen, glimmen, glühen, lodern, schmoren, schwelen, verkohlen, züngeln

dann oder im Anschluss daran, im nächsten Augenblick, da, danach, darauf, daraufhin, hinterher, einige Minuten später, nachdem, schließlich, später, nach einiger Zeit

denken oder brüten, sich fragen, grübeln, knobeln, sich den Kopf zerbrechen, nachdenken, rätseln, überlegen

dick oder fett, füllig, mollig, pummelig, rund, schwabbelig, schwer, vollschlank

dunkel oder dämmerig, düster, finster, schummerig, schwarz, stockfinster, trübe

dünn oder abgemagert, dürr, hager, mager, schlank, schmal, spindeldürr, unterernährt, zart, zierlich

E

einsam oder abgelegen, allein, mutterseelenallein, öde, im Stich gelassen, unbelebt, vereinsamt, verlassen, verwaist, zurückgezogen

erfahren oder aufschnappen, erleben, erzählt bekommen, herausbekommen, hören, mitbekommen, eine Mitteilung bekommen, zu Ohren bekommen

essen oder sich ernähren, übers Essen herfallen, futtern, den Hunger stillen, knabbern, kosten, löffeln, Nahrung zu sich nehmen, naschen, schlemmen, schlingen, schnabulieren, speisen, sich stärken, tafeln, verdrücken, vertilgen, verzehren

F

fahren oder düsen, sich fortbewegen, kutschieren, lenken, radeln, rasen, reisen, rollen, sausen, schleichen

fallen oder abstürzen, ausrutschen, den Halt verlieren, herunterfallen, hinfallen, hinfliegen, hinknallen, plumpsen, purzeln, stolpern, stürzen, umkippen

fleißig oder arbeitsam, bienenfleißig, ehrgeizig, eifrig, emsig, rastlos, strebsam, tüchtig, unermüdlich

fliegen oder flattern, gleiten, durch die Luft schießen, schweben, schwingen, schwirren, segeln

sich freuen oder begeistert sein, beglückt sein, froh sein, fröhlich sein, genießen, glücklich sein, grinsen, aus dem Häuschen sein, jauchzen, jubeln, kichern, lächeln, guter Laune sein, schmunzeln

froh oder erfreut, erleichtert, erlöst, freudig, fröhlich, glücklich, gut gelaunt, heilfroh, heiter, lustig, munter, übermütig, unbesorgt, vergnügt, zufrieden

früher oder damals, ehemalig, einst, vor vielen Jahren, vorher, vor langer Zeit

geben oder aushändigen, bringen, darreichen, erteilen, in die Hand drücken, reichen, schenken, spenden, spendieren, überbringen, überlassen, überreichen, verleihen, vermachen, zustellen

Gefahr oder Bedrohung, Gefährdung, Klemme, Not, Risiko, Unheil, Unsicherheit

gehen oder bummeln, eilen, flanieren, flitzen, fortbewegen, hasten, humpeln, huschen, laufen, marschieren, rasen, rennen, sausen, schleichen, schlendern, schlurfen, schreiten, spazieren, spurten, staksen, stapfen, stelzen, trippeln, trödeln, wandern

Geräusch oder Gebrumme, Geraschel, Getöse, Klang, Knacken, Knall, Knistern, Krach, Kreischen, Lärm, Laut, Rascheln, Summen, Ton

groß oder breit, enorm, geräumig, gewaltig, gigantisch, hoch, hoch gewachsen, lang, mächtig, riesig, stattlich, unermesslich, ungeheuer, wuchtig

Haus oder Anwesen, Bau, Bauwerk, Bude, Bungalow, Burg, Einfamilienhaus, Gebäude, Heim, Hochhaus, Hotel, Hütte, Mietshaus, Palast, Schloss, Villa, Wohnhaus, Wohnsitz, Wolkenkratzer

helfen oder mit anfassen, unter die Arme greifen, behilflich sein, beistehen, einspringen, fördern, sich nützlich machen, unterstützen

Idee oder Bedeutung, Einfall, Eingebung, Erleuchtung, Gedanke, Geistesblitz, Vorschlag, Vorstellung

immer oder dauernd, ohne Ende, ewig, in einem fort, fortwährend, generell, immerzu, jederzeit, jedes Mal, regelmäßig, ständig, stets, unaufhörlich

interessant oder ansprechend, aufregend, bemerkenswert, faszinierend, fesselnd, mitreißend, packend, reizvoll, spannend, ungewöhnlich, unterhaltend, wissenswert

jetzt oder im Augenblick, augenblicklich, derzeit, eben, gerade, gleich, im Moment, momentan, nun, soeben, sofort, auf der Stelle, zur Stunde, zurzeit

kalt oder bitterkalt, eisig, eiskalt, frisch, frostig, kühl, nasskalt, winterlich

kaputt oder beschädigt, brüchig, defekt, entzwei, schadhaft, zerbrochen, zerfetzt, zerrissen, zerstört

kaufen oder anschaffen, Besorgungen machen, beziehen, sich eindecken, einkaufen, erstehen, erwerben, sich leisten, shoppen

Kind oder Baby, Junge, junger Mensch, Kid, Kleinkind, Krabbelkind, Mädchen, Nachwuchs, Neugeborenes, Säugling, Schüler, Schülerin

klein oder gering, klitzeklein, knapp, kümmerlich, kurz, mickrig, mini, minimal, schmal, unbedeutend, wenig, winzig, zierlich

klug oder aufgeweckt, begabt, besonnen, clever, genial, gescheit, gewitzt, intelligent, scharfsinnig, schlau, wach, weise

lachen oder feixen, sich freuen, gackern, grinsen, jauchzen, kichern, lächeln, einen Lachkrampf bekommen, losbrüllen, losprusten, sich schieflachen, schmunzeln, strahlen, Tränen lachen, wiehern

langsam oder allmählich, bedächtig, gemächlich, ohne Eile, lahm, nach und nach, in Ruhe, ruhig, schleppend, im Schneckentempo, schrittweise, schwerfällig, tranig, trottelig, zögernd

laut oder deutlich, dröhnend, durchdringend, geräuschvoll, grell, hörbar, lärmend, lautstark, ohrenbetäubend, schallend, schrill, stimmgewaltig

leicht oder easy, einfach, federleicht, gefahrlos, kinderleicht, locker, mühelos, ohne Probleme, ohne jede Schwierigkeit, schwerelos, spielend

leise oder gedämpft, geräuschlos, kaum hörbar, lautlos, ruhig, still, auf Zehenspitzen

lernen oder ackern, sich aneignen, begreifen, sich bilden, büffeln, sich einprägen, einüben, erfassen, sich auf den Hosenboden setzen, informieren, Kenntnisse erwerben, die Nase in ein Buch stecken, pauken, studieren, üben, verstehen

lügen oder anlügen, anschmieren, einen Bären aufbinden, belügen, erfinden, flunkern, schwindeln, täuschen, die Unwahrheit sagen, verdrehen, vorgaukeln

machen oder anfertigen, arbeiten, ausführen, basteln, betreiben, entwerfen, erledigen, erzeugen, fabrizieren, fertig stellen, handeln, herstellen, tun, unternehmen, verrichten, vollführen, zubereiten

mutig oder beherzt, draufgängerisch, entschlossen, furchtlos, heldenhaft, keck, kühn, risikofreudig, selbstbewusst, tapfer, todesmutig, tollkühn, unerschrocken, verwegen, wagemutig, waghalsig

neu oder aktuell, fremd, frisch, nagelneu, neuwertig, taufrisch, unbekannt, unbenutzt, ungebraucht, ungetragen, ungewohnt

oft oder häufig, immer wieder, mehrfach, mehrmals, meist, meistens, öfter, oftmals, vielfach, wiederholt

ordentlich oder aufgeräumt, genau, geordnet, gewissenhaft, gründlich, ordnungsliebend, reinlich, sauber, sorgfältig, tadellos, übersichtlich

Pech oder Fehlschlag, Missgeschick, Panne, Pleite, Unglück

planen oder aufzeichnen, ins Auge fassen, beabsichtigen, durchdenken, entwerfen, organisieren, überlegen, vorbereiten, vorhaben, sich vornehmen, wollen

plötzlich oder abrupt, auf einmal, Hals über Kopf, aus heiterem Himmel, mit einem Mal, schlagartig, schnell, überraschend, unerwartet, unvermutet, unvorhergesehen

pünktlich oder im richtigen Augenblick, beizeiten, genau, auf die Minute, rechtzeitig, ohne Verspätung, zeitig

Regen oder Dusche, Guss, Niederschlag, Nieselregen, Platzregen, Schauer, Sprühregen, Tropfen, Unwetter, Wolkenbruch

sagen oder ankündigen, antworten, ausrichten, behaupten, benachrichtigen, berichten, beschreiben, beteuern, brüllen, brummeln, durchsagen, einwenden, entgegnen, erklären, erwähnen, erzählen, flehen, flüstern, fragen, informieren, klagen, meinen, mitteilen, murmeln, plappern, plaudern, reden, rufen, schildern, schreien, schwätzen, sprechen, stammeln, stottern, tuscheln, übermitteln, sich unterhalten, verkünden, vorschlagen, vortragen, wispern

schimpfen oder anbrüllen, anfahren, anfauchen, beschimpfen, donnern, explodieren, fluchen, den Kopf waschen, den Marsch blasen, maulen, meckern, motzen, murren, rügen, schelten, tadeln, toben, wettern

schmutzig oder dreckig, fettig, fleckig, ölig, schmierig, schmuddelig, staubig, ungepflegt, ungewaschen, unsauber, verdreckt, verschmutzt, verunreinigt

schnell oder blitzartig, blitzschnell, eilig, fix, flink, flott, flugs, geschwind, hastig, pfeilschnell, rasant, rasch, schnittig, spritzig

schön oder bildschön, blendend, entzückend, gut aussehend, herrlich, hübsch, lieblich, niedlich, prächtig, reizend, traumhaft, wunderbar, wunderschön, wundervoll, zauberhaft

schrecklich oder abscheulich, beängstigend, bestürzend, entsetzlich, erschreckend, furchtbar, Furcht erregend, fürchterlich, grässlich, grauenhaft, haarsträubend, katastrophal, schauderhaft, schaurig, scheußlich, schlimm, widerlich

sehen oder ansehen, äugen, bemerken, beobachten, betrachten, blinzeln, entdecken, erblicken, erkennen, erspähen, gaffen, gucken, mustern, schauen, sichten, starren, wahrnehmen

singen oder brummen, grölen, jodeln, jubilieren, leiern, schmettern, summen, trällern, trillern, vortragen, zirpen, zwitschern

Streit oder Auseinandersetzung, Kabbelei, Konflikt, Krach, Krawall, Meinungsverschiedenheit, Querelen, Reiberei, Stunk, Unfriede, Zank, Zoff, Zwist

streiten oder aneinander geraten, sich anfeinden, sich anlegen, sich auseinander setzen, sich bekämpfen, entzweien, in den Haaren liegen, kabbeln, sich verkrachen, überwerfen, zanken

stur oder beharrlich, bockig, dickköpfig, eigensinnig, eisern, engstirnig, halsstarrig, rechthaberisch, starrköpfig, störrisch, trotzig, unnachgiebig, verbissen, verstockt, widerspenstig

Täter, Täterin oder Attentäter, Attentäterin, Bandit, Bösewicht, Dieb, Diebin, Einbrecher, Einbrecherin, Gangster, Gangsterin, Gauner, Gaunerin, Mörder, Mörderin, Räuber, Räuberin, Schurke, Schurkin, Strolch, Übeltäter, Übeltäterin, Verbrecher, Verbrecherin

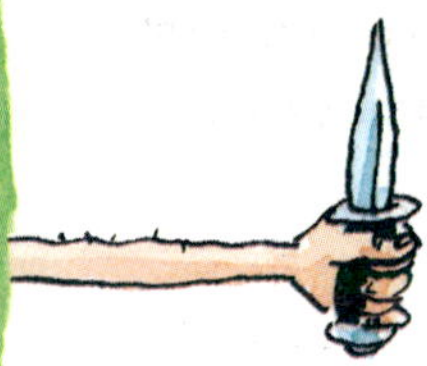

traurig oder bedrückt, bekümmert, betrübt, deprimiert, entmutigt, enttäuscht, niedergeschlagen, trübselig, unglücklich, untröstlich, verzweifelt

verfolgen oder nicht aus den Augen lassen, beschatten, hetzen, hinterhergehen, jagen, nachlaufen, nachspionieren, nachstellen, auf der Spur sein

verstehen oder begreifen, durchschauen, einsehen, erfassen, erkennen, fassen, hören, kapieren, lernen, nachempfinden, nachvollziehen

warm oder behaglich, handwarm, heiß, lau, lauwarm, mild, mollig, sommerlich, sonnig

Wasser oder Bach, Fluss, Flüssigkeit, Meer, das Nass, nasses Element, Ozean, Pfütze, Quelle, Rinnsal, See, Strom, Teich, Tümpel

Weg oder Feldweg, Fußweg, Heimweg, Kurs, Pfad, Radweg, Route, Schulweg, Straße, Strecke, Trampelpfad, Umweg, Waldweg

weinen oder sich ausheulen, heulen, greinen, jammern, klagen, kreischen, plärren, quengeln, schluchzen, in Tränen auflösen, Tränen vergießen, wimmern

wunderbar oder entzückend, fabelhaft, fantastisch, fein, herrlich, himmlisch, klasse, perfekt, prachtvoll, schön, toll, überwältigend, vortrefflich, wundervoll

Zeit oder Ära, Augenblick, Datum, Dauer, Ewigkeit, Frist, Gegenwart, Jahreszeit, Moment, Tageszeit, Uhrzeit, Vergangenheit, Zukunft

zerstören oder abbrechen, abreißen, kaputtmachen, ruinieren, verbrennen, verderben, vernichten, verwüsten, zerbrechen, zerfetzen, zerschlagen

ziehen oder abschleppen, reißen, schleifen, schleppen, ins Schlepptau nehmen, zerren, zupfen

Schwierige Veränderungen

Manche Zeitwörter machen es einem richtig schwer. Wenn sich die Person ändert, die etwas tut, oder die Zeit, in der etwas getan wird, verändern sie ihre Form mehr als andere Zeitwörter. Man kann sie kaum noch erkennen. Weil die Formen so verschieden sind, suchst du im Wörterbuch immer an der falschen Stelle nach ihnen und gibst schließlich auf. Wer kann schon wissen, dass man „er biss“ unter „beißen“ suchen muss? Hier ist eine Liste dieser schwierigen Zeitwörter. Hoffentlich hilft sie dir.

Schau dir die Bilder auf den nächsten Seiten einmal genau an. Errätst du, welche Verben gemeint sind? Die Auflösung findest du am Ende der Liste!

B

Grundform	Gegenwart	1. Vergangenheit	2. Vergangenheit
befehlen	du befiehlst	er befahl	sie hat befohlen
beginnen	du beginnst	er begann	sie hat begonnen
beißen	du beißt	er biss	sie hat gebissen
sich besinnen	du besinnst dich	er besann sich	sie hat sich besonnen
betrügen	du betrügst	er betrog	sie hat betrogen
biegen	du biegst	er bog	sie hat gebogen
bieten	du bietest	er bot	sie hat geboten
binden	du bindest	er band	sie hat gebunden
bitten	du bittest	er bat	sie hat gebeten
blasen	du bläst	er blies	sie hat geblasen

	bleiben	du bleibst	er blieb	sie ist geblieben
	braten	du brätst	er briet	sie hat gebraten
	brechen	du brichst	er brach	sie hat gebrochen
	brennen	es brennt	es brannte	es hat gebrannt
	bringen	du bringst	er brachte	sie hat gebracht
D	denken	du denkst	er dachte	sie hat gedacht
	dürfen	du darfst, er darf	er durfte	sie hat gedurft
E	empfangen	du empfängst	er empfing	sie hat empfangen
	empfehlen	du empfiehlst	er empfahl	sie hat empfohlen
	empfinden	du empfindest	er empfand	sie hat empfunden
	entrinnen	du entrinnst	er entrann	sie ist entronnen
	erschrecken	du erschreckst ihn	er erschreckte ihn	sie hat ihn erschreckt
		oder: du erschrickst	oder: er erschrak	oder: sie ist erschrocken
F	essen	du isst	er aß	sie hat gegessen
	fahren	du fährst	er fuhr	sie ist gefahren
	fallen	du fällst	er fiel	sie ist gefallen
	fangen	du fängst	er fing	sie hat gefangen
	fechten	du fichst	er focht	sie hat gefochten
	finden	du findest	er fand	sie hat gefunden
	flechten	du flichtst	er flocht	sie hat geflochten
	fliegen	du fliegst	er flog	sie ist geflogen
	fliehen	du fliehst	er floh	sie ist geflohen
	fließen	es fließt	es floss	es ist geflossen

Grundform	Gegenwart	1. Vergangenheit	2. Vergangenheit
fressen	er frisst	er fraß	er hat gefressen
frieren	du frierst	er fror	sie hat gefroren
G gären	er gärt	er gor	er ist gegoren
		oder: er gärte	oder: er hat gegärt
geben	du gibst	er gab	sie hat gegeben
gehen	du gehst	er ging	sie ist gegangen
gelingen	es gelingt	es gelang	es ist gelungen
gelten	es gilt	es galt	es hat gegolten
genießen	du genießt	er genoss	sie hat genossen
gerinnen	sie gerinnt	sie gerann	sie ist geronnen
geschehen	es geschieht	es geschah	es ist geschehen
gewinnen	du gewinnst	er gewann	sie hat gewonnen
gießen	du gießt	er goss	sie hat gegossen
gleiten	du gleitest	er glitt	sie ist geglitten
graben	du gräbst	er grub	sie hat gegraben
greifen	du greifst	er griff	sie hat gegriffen
H haben	du hast, er hat	er hatte	sie hat gehabt
halten	du hältst	er hielt	sie hat gehalten
hängen	es hängt	es hing	es hat gehangen
heben	du hebst	er hob	sie hat gehoben
heißen	du heißt	er hieß	sie hat geheißen
helfen	du hilfst	er half	sie hat geholfen

K	kennen	du kennst	er kannte	sie hat gekannt
	klingen	du klingst	er klang	sie hat geklungen
	kneifen	du kneifst	er kniff	sie hat gekniffen
	kommen	du kommst	er kam	sie ist gekommen
	können	du kannst, er kann	er konnte	sie hat gekonnt
	kriechen	du kriechst	er kroch	sie ist gekrochen
L	laden	du lädst	er lud	sie hat geladen
	lassen	du lässt	er ließ	sie hat gelassen
	laufen	du läufst	er lief	sie ist gelaufen
	leiden	du leidest	er litt	sie hat gelitten
	leihen	du leihst	er lieh	sie hat geliehen
	lesen	du liest	er las	sie hat gelesen
	liegen	du liegst	er lag	sie hat gelegen
	lügen	du lügst	er log	sie hat gelogen
M	meiden	du meidest	er mied	sie hat gemieden
	melken	du melkst	er melkte	sie hat gemolken
				oder: sie hat gemelkt
	messen	du misst	er maß	sie hat gemessen
	mögen	du magst, er mag	er mochte	sie hat gemocht
	müssen	du musst, er muss	er musste	sie hat gemusst
N	nehmen	du nimmst	er nahm	sie hat genommen
	nennen	du nennst	er nannte	sie hat genannt
P	pfeifen	du pfeifst	er pfiff	sie hat gepfiffen

	Grundform	Gegenwart	1. Vergangenheit	2. Vergangenheit
R	raten	du rätst	er riet	sie hat geraten
	reiben	du reibst	er rieb	sie hat gerieben
	reißen	du reißt	er riss	sie hat gerissen
				oder: es ist gerissen
	reiten	du reitest	er ritt	sie ist geritten
				oder: sie hat geritten
	rennen	du rennst	er rannte	sie ist gerannt
	riechen	du riechst	er roch	sie hat gerochen
	ringen	du ringst	er rang	sie hat gerungen
	rufen	du rufst	er rief	sie hat gerufen
S	saufen	es säuft	es soff	es hat gesoffen
	saugen	du saugst	er saugte	sie hat gesaugt
			oder: er sog	oder: sie hat gesogen
	scheiden	du scheidest	er schied	sie hat geschieden
	scheinen	sie scheint	sie schien	sie hat geschienen
	schieben	du schiebst	er schob	sie hat geschoben
	schießen	du schießt	er schoss	sie hat geschossen
	schlafen	du schläfst	er schlief	sie hat geschlafen
	schlagen	du schlägst	er schlug	sie hat geschlagen
	schleichen	du schleichst	er schlich	sie ist geschlichen
	schleifen	du schleifst	er schliff	sie hat geschliffen
	schließen	du schließt	er schloss	sie hat geschlossen

schlingen	du schlingst	er schlang	sie hat geschlungen
schmeißen	du schmeißt	er schmiss	sie hat geschmissen
schmelzen	es schmilzt	es schmolz	es ist geschmolzen
schneiden	du schneidest	er schnitt	sie hat geschnitten
schreiben	du schreibst	er schrieb	sie hat geschrieben
schreien	du schreist	er schrie	sie hat geschrien
schreiten	du schreitest	er schritt	sie ist geschritten
schweigen	du schweigst	er schwieg	sie hat geschwiegen
schwellen	er schwillt	er schwoll	er ist geschwollen
schwimmen	du schwimmst	er schwamm	sie ist geschwommen
schwingen	du schwingst	er schwang	sie hat geschwungen
schwören	du schwörst	er schwor	sie hat geschworen
sehen	du siehst	er sah	sie hat gesehen
sein	du bist, er ist	er war	sie ist gewesen
senden	du sendest	er sandte	sie hat gesandt
		oder: er sendete	oder: sie hat gesendet
singen	du singst	er sang	sie hat gesungen
sinken	es sinkt	es sank	es ist gesunken
sitzen	du sitzt	er saß	sie hat gesessen
sollen	du sollst	er sollte	sie hat gesollt
spinnen	du spinnst	er spann	sie hat gesponnen
sprechen	du sprichst	er sprach	sie hat gesprochen
sprießen	es sprießt	es spross	es ist gesprossen

	Grundform	Gegenwart	1. Vergangenheit	2. Vergangenheit
	springen	du springst	er sprang	sie ist gesprungen
	stechen	du stichst	er stach	sie hat gestochen
	stehen	du stehst	er stand	sie hat gestanden
	stehlen	du stiehlst	er stahl	sie hat gestohlen
	steigen	du steigst	er stieg	sie ist gestiegen
	sterben	du stirbst	er starb	sie ist gestorben
	stinken	es stinkt	es stank	es hat gestunken
	stoßen	du stößt	er stieß	sie hat gestoßen
	streichen	du streichst	er strich	sie hat gestrichen
	streiten	du streitest	er stritt	sie hat gestritten
T	tragen	du trägst	er trug	sie hat getragen
	treffen	du triffst	er traf	sie hat getroffen
	treiben	du treibst	er trieb	sie hat getrieben
	treten	du trittst	er trat	sie hat getreten
	trinken	du trinkst	er trank	sie hat getrunken
	tun	du tust	er tat	sie hat getan
V	verbergen	du verbirgst	er verbarg	sie hat verborgen
	verderben	es verdirbt	es verdarb	es ist verdorben
	vergessen	du vergisst	er vergaß	sie hat vergessen
	vergleichen	du vergleichst	er verglich	sie hat verglichen
	verlieren	du verlierst	er verlor	sie hat verloren
	verschwinden	du verschwindest	er verschwand	sie ist verschwunden

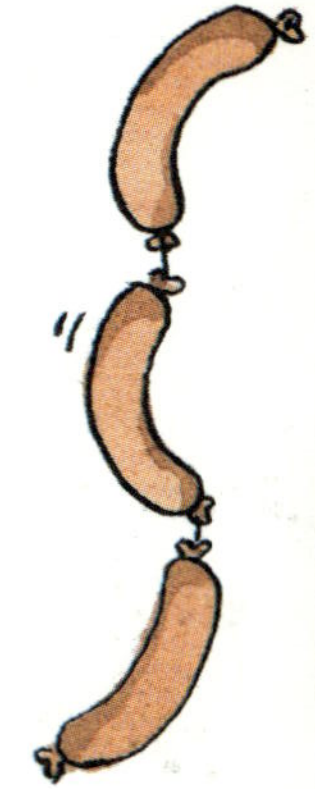

W	verzeihen	du verzeihst	er verzieh	sie hat verziehen
	wachsen	du wächst	er wuchs	sie ist gewachsen
	waschen	du wäschst	er wusch	sie hat gewaschen
	weichen	du weichst	er wich	sie ist gewichen
	weisen	du weist	er wies	sie hat gewiesen
	wenden	du wendest	er wandte	sie hat gewandt
			oder: er wendete	oder: sie hat gewendet
	werben	du wirbst	er warb	sie hat geworben
	werden	du wirst, er wird	er wurde	sie ist geworden
	werfen	du wirfst	er warf	sie hat geworfen
	wiegen	du wiegst	er wog	sie hat gewogen
	sich winden	du windest dich	er wand sich	sie hat sich gewunden
	wissen	du weißt	er wusste	sie hat gewusst
	wollen	du willst, er will	er wollte	sie hat gewollt
	wringen	du wringst	er wrang	sie hat gewrungen
Z	ziehen	du ziehst	er zog	sie hat gezogen
	zwingen	du zwingst	er zwang	sie hat gezwungen

Auflösung: beißen, biegen, braten, erschrecken, fliehen, frieren, gießen, kriechen, melken, saufen, saugen, schneiden, sinken, streichen, verschwinden, waschen, sich winden, wringen

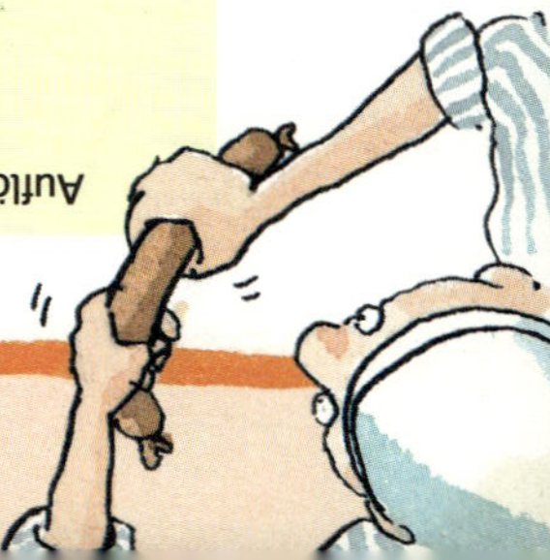

Unsere Lieblingswörter

An diesem Wörterbuch haben wir im Team gearbeitet. Drei Autorinnen haben die Wörter ausgesucht, eine Lektorin und eine Herstellerin haben die Wörterliste bearbeitet, und die Illustratorin hat die Bilder gemalt. Einige Wörter haben uns besonders gut gefallen:

das i-Tüpfelchen,
weil das Wort so lustig und frech klingt, wie ein i-Tüpfelchen aussieht

wabbelig,
weil mein Lieblingsnachtisch wabbelig ist. Was kann das wohl sein? Na klar! Vanillepudding mit Sahne!

der Schnee,
weil viele Wörter aus diesem Buch zu ihm passen: weiß, lautlos, sauber, flockig und glitzernd

die Bürste,
weil sich das Wort so anhört, wie es sich anfühlt, wenn man gebürstet wird

das Kuscheltier,
weil es beim Einschlafen das liebste „Tier" auf der ganzen Welt ist

der Krimskrams,
weil keiner so genau weiß, was damit gemeint ist, aber jeder eine ganze Menge davon besitzt

Und was sind deine Lieblingswörter?